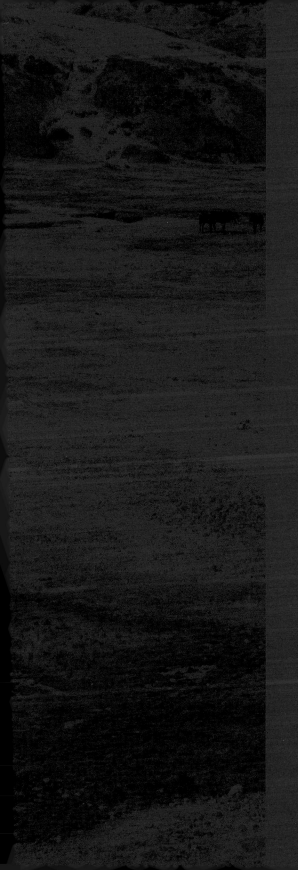

乌蒙行纪

WUMENG
TRAVELLING RECORDS

乌蒙行纪

WUMENG
TRAVELLING RECORDS

傅舰军

主编

北京燕山出版社
BEIJING YANSHAN PRESS

舒婷

厦门市文联主席、福建省文联副主席，中国作家协会主席团委员，
第十二、十三届全国人大代表。
主要诗集有《双桅船》《会唱歌的鸢尾花》《始祖鸟》《舒婷的诗》，
散文集《心烟》《真水无香》等。
作品被翻译成 20 多国文字。

于坚

生于云南昆明，祖籍四川资阳。
著有诗文集 40 余种，摄影集 1 种，拍摄纪录片 4 部。
获鲁迅文学奖、百花散文奖、华语文学传媒大奖年度杰出作家奖。

叶梅

中国作家协会第九届主席团委员。

近期作品有《玫瑰庄园的七个夜晚》《美卿》《梦西厢》
《根河之恋》等。

多部作品被翻译成英语、法语、日语、韩语、蒙古语、
阿拉伯语、印地语、保加利亚语等文字。

雷平阳

诗人，云南昭通人，现居昆明。

出版诗歌、散文集多部。

获人民文学奖、诗刊年度奖、华语传媒大奖诗歌奖、花地文学排行榜诗歌金奖和鲁迅文学奖等奖项。

龙冬

四川乐山人。

2009 年获得捷克共和国"马萨里克奖章"。

出版有《一九九九：藏行笔记》《娇娘》《仓央嘉措圣歌集》《喝了吧，赫拉巴尔》等作品。

弋舟

《延河》杂志副主编。中国作家协会青年工作委员会委员。

获鲁迅文学奖、郁达夫小说奖、中华文学基金会茅盾文学新人奖、《小说选刊》年度大奖、《小说月报》百花奖等奖项。

王祥夫

著有长篇小说、中短篇小说集、散文集四十余部。
获鲁迅文学奖、《上海文学》奖、《小说月报》百花奖、赵树理文
学奖、林斤澜短篇小说奖、杰出作家奖等奖项。

夏天敏

曾任云南省作家协会副主席。
获第三届鲁迅文学奖。
《好大一对羊》改编为电影，获第二十五届中国电影金鸡奖。
出版有《极地边城》《两个女人的古镇》《绚丽波斯菊》等作品。

胡性能

云南省作家协会驻会副主席、秘书长。中国作家协会全国委员会委员。
出版有《在温暖中入眠》《有人回故乡》《下野石手记》《孤证》等作品。
获十月文学奖、《长江文艺》双年奖等。

曾哲

作家、诗人。北京作家协会专业作家，中国作家协会全国委员会委员。
主要作品有《天》《远去的天》《徒步·加德满都到拉萨》等 20 余部。
曾获老舍文学中篇小说奖、十月文学奖等 20 余种奖项。

张庆国

云南省作家协会副主席，昆明市作家协会主席，《滇池》文学杂志原主编。

出版著作 20 部。

获十月文学奖等奖项。

衣丽丽

曾任《青春》文学杂志副主编。

出版有《灵魂的舞姿》《藏地之恋》等作品。

原生鸟天麻

徐虹

曾任《中国青年报·阅读周刊》主编。

出版有《青春晚期》《有内容的眼神》《好像高雅》等作品。

获第二届老舍文学奖。

沈洋

云南昭通人。

出版有《大救驾》《万物生》等作品。

作品《包裹》《易地记》《万物生》改编为电影和电视剧。

吴佳骏

现居重庆。《红岩》杂志编辑部主任。

出版有《生灵书》《雀舌黄杨》《谁为失去故土的人安魂》等作品。

刘平勇

昭通市作家协会副主席，昭阳区作家协会主席。

出版有《天堂邂逅》《因为有爱》《一脸阳光》《疼痛与抚摸》《如尘》等作品。

龙美光

云南彝良人。彝族。

云南师范大学教师、云南师范大学西南联大博物馆副馆长。

出版有《文脉书香》《守望滴水》《罗占云将军传》等作品。

徐洪刚

云南彝良人。现任西藏军区昌都军分区副政委。

出版有《生命礼赞》《徐洪刚散文集》《我在铁军》等数部文学作品和书法作品集。

1993年8月17日，徐洪刚探亲期满归队途经四川筠连，为保护旅客生命财产，同4名歹徒搏斗，身中14刀。江泽民、李鹏、刘华清等领导人亲笔题词，号召全国人民向徐洪刚同志学习。

夏玲

教授，中国作家协会会员。

国家社科基金通讯鉴定专家，首届全国十佳教师作家。

小草坝

陈衍强

云南彝良人。

在《人民文学》《诗刊》《大家》《人民日报》等多家报刊发表过作品。

出版有《英雄美人》《我的乡村》《乡村书》等诗集。

获云南省文学艺术创作一等奖、云南《百家》文学奖、边疆文学大奖诗歌奖等多种奖项。

杨碧薇

云南昭通人。

出版有《坐在对面的爱情》《华服》《碧漪或南红：诗与艺术的互阐》诗文集数部。

在《南方周末》《汉诗》开设批评专栏。

获十月诗歌奖、胡适诗集奖、《观物》年度青年诗人奖。

向裕良

苗族，籍贯怀化市麻阳苗族自治县。

就职于湖南某高校。

摄影师，创立"茶片社影像工作室"。

参与《摄影基础》《商业摄影》等教材编写。

杨晓红

湖南长沙人。

中国女摄影家协会会员，湖南省摄影家协会会员。

李慧琴

湖南湘阴人，现居长沙。
健身教练、巴西柔术爱好者、旅行者。

唐永松

云南昭通水富博爱小学教师。
有作品入选《中国散文大系》《昭通文学》《昭通作家作品精选》。
获云南"云五液杯"第二届北大门全国征文散文一等奖、"我的平凡的世界"全国征文入围奖。

唐朝晖

湖南湘乡人，现居北京。

《青年文学》《西藏人文地理》杂志原执行主编。

出版有《折扇》《百炼成钢》《梦语者》《心灵物语》

《一个人的工厂》等作品。

胡琼

湖南常德人，中国女摄影家协会会员。

傅舰军

湖南湘乡人，豆瓣阅读签约作者。

因工作关系常年往返生活于湖南益阳和云南昭通。

著有《痒死我了——大厂小镇往事录》等图书。

大山包

土城

第二卷

第三卷

第一卷

昭　　　阳

昭阳

昭阳区，昭通市辖区，处乌蒙山区腹地，金沙江下游。

东为乌蒙山脉西延伸尾端，山势磅礴，高峰林立。西为横断山脉凉山山系分支东延伸边缘，山高坡陡，海拔悬殊，有较完整的高原地貌。

东侧邻贵州毕节，西侧以金沙江为界与四川凉山彝族自治州相邻，北侧是四川宜宾，南侧为云南曲靖。

昭通是中原文化进入云南的重要通道。

唐时有乌蒙部，元置乌蒙路，明置乌蒙府，清改乌蒙为昭通。

一官已留清白去，何人更踏软红来

夏天敏

昭通记

昭阳区地处西南"金三角"腹地，位居云、贵、川三省接合部。在2167平方公里的土地上，居住着汉、回、彝、苗等15个民族。

在群山纵横、河流蜿蜒的地理图像中，一条细若游丝的线条把昭通和中原连接在一起，这条线就是名闻遐迩的南方丝绸之路——五尺道。剥开历史堆积的苔痕，五尺道就像铮然而鸣的琴弦；五尺道又像一条纬线，连缀着一串串历史的花瓣，成了戴在乌蒙高原上的艳丽夺目的花环。这条血脉似的通道，连通了中原文化、荆楚文化、巴蜀文化和滇文化。

在昭阳区出土的汉碑，被称为"稀吐之宝""海内第一碑"，多少硕学之士、海内名家为之倾倒，它的史学研究价值和书法研究价值，至今仍有不可替代的位置。

晋墓深藏于乌蒙高原，它的发现补史之阙，是研究蜀汉至两晋"南中大姓"最弥足珍贵的文史遗存，是海内现存的研究古代民族史的最具价值的文物之一。

"过山洞"是十万年前的"昭通人"居住的一个山洞，一枚"昭通智人牙齿"填补了"昭通人"在历史长河发展过程中的空白。从洞中溢出的一缕青烟，早已在历史的天空中消失殆尽，但在石壁上熏黑的痕迹，却勾起了人们对祖先的缅怀。

九龙山下，彝族"禄氏故城"的遗址，在时光低沉的叹息中讲述着昔日的辉煌。"铁锅寨"有一口奇大无比、可煮牛数头的天下无双的铁锅。昔日的居民在"禄氏故城""铁锅寨"前，烹牛宰羊，弹三弦，唱山歌，何等壮观。

串串晶莹剔透、珠圆玉润的"葡萄"，是葡萄井的奇观，它不仅是大自然的杰作，还是彝族的圣水·"玛弄咿取"。彝族《指路经》说："彝胞呀彝胞，你要记住，玛弄咿取是祖先留下的圣水，是彝民的救命水。路经此处时渴了要喝一口，不渴也要喝一口。到了此地的人，要带一瓶回去给没去的人喝一口。"

老鸹岩，一个并不十分美丽的名字，却是彝族逝者的灵魂天堂，至高无上、无比庄严的灵魂栖息地。

烟柳朦胧、水汽氤氲的洒渔河畔，一个诗意盎然的小村庄柳树湾，却是横扫千军如卷席、气吞万里如虎的"李蓝"起义军首领李永和的故里。

气象森严、结构精美的"龙氏宗祠"，是一代"云南王"龙云供奉祖先的地方。

层峦叠嶂、松风如涛、一泉冷然的大龙洞，是昭通风景极佳的旅游区，"凿龙池，溉稻田"的文齐，用他手中简陋的工具，写就了中国最早的水利工程之一。

明月清风的清官亭，池水澹澹、修竹亭亭，"一官已留清白去，何人更踏软红来。"昭阳有景观，有人文，有历史，有传说，风景殊丽，人文昌盛。

老城里人的话题，现在的陡街和西街

  陡街和西街是昭通人情感里的一个结，不管走到天涯海角，只要是昭通人相遇，离不开的话题必然是老城里的陡街和西街。陡街、西街是昭通人灵魂里的一根弦，这根弦无论尘封多久，只要一经轻轻弹拨，必然会奏出心灵里最美的一曲清歌。

  陡街、西街是昭通最繁华之所在，在昭通被称为云南的小昆明之时，这里就以法式建筑繁多的商铺和琳琅满目的货物闻名于全省。抗战时期，云南除腾冲一带是全国的大后方，而昭通又是云南的大后方。沦陷区的人大批进入云南进入昭通。进入昭通的除难民外，大多是虽为流民而资财颇丰的人，于是促进了昭通经济的繁荣。昭通人龙云、卢汉主滇，在维护地方稳定和促进经济发展方面，是颇有些办法和实力的。人有思乡之情，对故乡的建设，毋庸讳言是有些倾斜的，加之南方丝绸之路——五尺道进入云南，这里是必经之地，商旅辐辏，货物流通，昭通的一度繁荣则是情理之中的事了。

  陡街之谓陡街，是街建在陡坡之上。过去的陡街，房屋多为二三层土木结构的建筑，房屋建得洋气，门面为圆拱式法式建筑，且有欧式装饰图案，街面是青石条镶嵌而成，凿有石痕，街虽陡而不滑。街两边植有粗壮槐树，槐树枝叶繁茂，树冠浓密，交相叠映形成绿色屏障，盛夏烈日炽炽，进入陡街、西街则浓荫蔽日，凉风徐徐。槐花盛开的季度，两边商铺洞开，各色货物充足，灯光摇曳，槐香熏人。有月的夜晚，可踏石而行，嗅馥郁槐香，尝街边小吃。赵干巴的卤干巴切得纸片样薄，炒板栗、烧青苞谷、烧洋芋的香味传得老远老远，烧腊摊里各种卤味撩人食欲。有人怀抱三弦踏歌而行，有人聚在街沿大谈民国往事。陡街、西街，是昭通人心向往之地，是物质和精神停泊的地方。

清秋，沿陡街而行至辕门口，可见远山清淡，雾岚轻绕，可见村庄田畴，竹树环合。乡村城市，融为一体，浑然和谐，天人合一。

时间可塑造一切亦可摧毁一切，陡街、西街，像盈盈少女变成少妇变成老妪一样，渐渐变得苍老变得憔悴。繁茂浓郁的槐树早已不在，临街房屋像涂了重彩的老妇，看似艳丽，抖落铅华后却早已不堪入目。我是在拆建过程中目睹它的衰朽的，那些拆开的房子，早就烂成一包糟，朽木腐柱墙斜屋烂。表面的粉饰掩盖不了腐烂的真实，看着真叫人揪心。

不到一年时间，陡街、西街终于建成。陡街青石条依旧，只是铺设得更为整齐，地下管道将电缆、电线全埋于地下。街上的铺面，装饰得更加富丽，虽是修旧如旧，毕竟是新里透着旧、旧里藏着新，法式门面上有更精美的图案装饰，整个建筑群格调清晰、庄重质朴，犹如山里人一样可靠又透着灵气。街边虽无高大槐树，却置有木箱种有花树，整条街通敞透亮、视野开阔。

陡街、西街之间，一条地下通道相连。地下通道在大城市并不稀罕，在昭通则是首例。

西街现在宛如一个微型公园了。高原少水，不知江南水乡韵味，这里却有小桥流水，佳木婆娑、游鱼成群。

同样，西街是昭通的商贸中心，过去的一些大商号大商家多居于此。西街现在改造一新，街是旧时模样，只是旧里透新，更加气派更加辉煌。在这里既可寻找到旧时的梦、儿时的履痕，又得到全新的感受。青石铺成的路面，光洁清爽，一条小河沿街蜿蜒而行，曲线的美，打破了直线的僵硬，如同婀娜少女。小河清浅，小巧玲珑，佳木错落有致。在这里，高原人领略了水乡的韵味，虽小虽局促，却放大了昭通人的情怀。

西岳庙，一个被昭通人淡忘了的所在。它曾被一家工厂使用，隆隆机器声淹没了青灯黄卷木鱼声声，残碑断简成为铺路石。现在，地处西街的西岳庙挣脱历史的尘埃脱颖而出，成为人们流连忘返的地方。

旧城心脏——辕门口

辕门口之于昭通城，犹如人的心脏，这里不仅地势高，地处全城中心，而且发生过许多重大事件，成为昭通人口耳相传的故事。

民国时代，辕门口曾有一座高大巍峨的石牌坊，牌坊为云南王龙云为其母所塑，形制高大，精美异常，有辛亥元老国学大师章太炎撰写的对联。从远处望去，地处高处的石牌坊犹如南天之门，巍巍乎矗于云表。

新中国成立后，这里建有电视转播塔，塔基圆形，其高百丈。现在，在辕门口和陡街的街口，一座古朴庄重、大气典雅的石碑柱已建成，它彰显了古城的文化底蕴，使古城变得更有韵味。这里在相当长的时间内是传播信息的中心，还是昭通政治活动的中心之一。

在风雨如磐的岁月，这里曾发生过昭通的"天安门事件"。铁塔上高悬周总理遗像，塔身上，高悬着悼念周总理的无数诗文。数以万计的昭通人，以满腔的悲愤纪念总理，痛斥"四人帮"，这里成了真理和正义的策划地。

辕门口，也是六十军出征的地方。抗战进入最艰苦时期，滇军远赴台儿庄，参与那场惊天地泣鬼神的悲壮战役。六十军是由三迤儿女组成的部队，昭通儿女是六十军的重要组成部分，六十军在辕门口举行出征仪式，慷慨悲歌、激情昂扬。"风萧萧兮易水寒，壮士一去兮不复还。"乌蒙儿女用热血浇灭了日寇气焰。

毕竟，辕门口是衰老残败了，周围虽有几栋钢混建筑，但颓势已定，几栋新楼更加别扭。

辕门口的改造已经完毕，周围的建筑拔地而起，脱胎换骨，获得新生后更富有魅力。看得出源于母亲的美貌，也看得出新生的妩媚与活力。在这里，新建的钟楼已高耸入云，钟楼形似城墙，给人以坚不可摧的感觉。钟楼飞檐高翘，外形庄重而神韵飘逸，内置一巨大铜钟，从城的制高点上鸣钟，可以想象如同梵音天上来。大音稀声、远近皆同，何等的震撼人心，何等的警世启人。

辕门口是昭通旧城的中心，这里街道交叉，四通八达；这里商铺林立，人流如潮。这个不大的广场上，曾经上演过许多值得记忆的故事。

这里文化底蕴厚，民国时期的书店，工于诗精于画的老先生，尤其是国学大师姜亮夫都居于此。这里还像民俗博物馆，有卖各种各样形制古朴的陶器、竹器的，有刺绣的、剪纸的、写春联的，还有做虎头鞋纳鞋垫的，钟表匠、雕刻匠等也都密集于此。

这些，会消逝吗？

取替它们的，是各种各样的时尚产品，是新时代扑面而来的新的生活方式。

然而，新生与失落是人们难以释怀的情愫。当钟楼的钟声悄然而至，当雕塑落成的时候，当花木扶疏、霓虹灯流光溢彩的时候，人们的心境，是一种复杂的心境。新的已来，旧的还在吗？

缕缕情思云兴街

昭通文脉悠远，文风沛然。光听街名，就透着文雅气儿。云兴，既怀悠远的往事，又怀淡淡的乡愁，还寄托着重挑云南的繁荣、兴盛的愿望。可不是吗，这条街正是云南王龙云的家产。

怀远街是条古色古香的街，两排木质门楼，当街的都串联在一起，门楼下有宽宽的过道，过道上是人家的楼板，俗称过街楼，晴可遮阴，阴可蔽雨，是大户人家的气派。每座门楼后面，是高大宽敞的青石天井，楼上有回廊，将所有房间串连起来。云兴街依然是青石路面，古城改造前，这条街成为热闹繁华的商贸街，一条街全是卖土杂商品的。沿街摆满了如小山般充盈的货物，多是花椒、胡椒、辣椒、八角、草果等各种调味品和土杂货物。人流如潮，热闹非凡。

云兴街如衰老的骆驼，架子虽大却疲惫衰颓，躯体虽全却百孔千疮。当年盛极一时的主人，早已云鹤渺渺。居住在大洋彼岸的子孙，倒真是登高远眺，怀远而不见其踪了。毕竟，血浓于水，能在有生之年来故乡怀旧，始终是件令人欣慰的事。但云兴不是怀旧怀破败，而是怀极盛时期的繁荣、昌盛。

云兴街的改造可不是修修补补、涂涂抹抹，那是伤筋动骨。整条街全拆了，留下的全是旧时的影儿。街面上与原貌相差无多的过街楼、木质廊柱、木质门窗，雕花精刻，浑然一体。八个连排天井、护栏相环，青石地面，木雕精细，天井敞亮。可居家，可经商，可小酌，可赏景，格调古雅，叫人遥想当年主人雅致生活。

云兴街，是藏龙卧虎的地方，文风流韵，薪火不熄，就是住一个替人写信写诉状的老头，也是满腹诗书，其人生经历波澜诡奇叫人称奇。如今改造好了的云兴街，令人似曾相识又不相识，面貌依旧却又耳目一新。过街楼为半个世纪以前的人遮过风蔽过雨，居住在楼上的人家，推开古典雅致的木质窗户，就闻得到热烈喧哗的市声，就能感受到时代生活扑面而来。关闭窗户，就可以纳凉品茶，谈古论今。过街楼下，行人仿佛走在淡雅的画面中，无风雨之忧，从容行走款款漫谈，既世俗又古雅。

怀远而思今的怀远街

有着两排浓郁飘逸杨柳树的怀远街，仿佛把人带到了清明上河图的画面中。街两边的房屋，多为土木结构，典型的南方民居风格，房屋高轩齐整，木质门窗雕刻古朴大方，从旧时代到改造旧城之前，怀远街一直是商业重地。过去年代，经营绸缎等商品的商家，货物充足，品种繁多，是有钱人经常光顾的地方。旧城改造前，怀远街仍然热闹非凡，经营各种各样货物的商家，店铺里排列不完，摆到街上来了。怀远街的货物价格便宜，多为衣物类，从头到脚从里到外从冬到夏，啥都有卖。

有两排粗壮杨柳的怀远街古风盎然，从远处看真有清明上河图的意韵。杨柳轻拂，如烟如笼，树下街边全是各种货摊，人们接踵摩肩，市声鼎沸。肩挑担荷的、骑摩托的、信步闲逛的，把怀远街渲染得古风盎然。木质的雕花门窗里，有人潜心读书，有人挑花绣朵，有人从容下棋，这样的生活，在大城市里是难以寻觅的。

怀远街上还住着考古学家、收藏家、学者张希鲁先生，那栋三层楼的房子，曾经存放着张希鲁先生毕其一生精力、财力收藏的几百件重要文物。先生高风亮节，逝世前全部捐赠给政府，使昭通的文物无论在数量上还是在品质上，都上了一个新台阶。

怀远街的改造已经完成，那两排粗壮而风姿秀美的大柳树还在，街两边的房子依然是民国时期建筑风格，高大、轩敞，古朴厚重而不失典雅。楼上的护栏使人依稀想起旧时抛绣球的富家女子。雕花门窗，流溢出书卷气息，店铺相连，商贸繁荣，注入了新时代的元素，霓虹灯、各种彩灯流光溢彩，使人进入新旧交替的时光隧道里。

只是，那位考古的老人还在吗？

依然，他的文化精神继续传承。

北正街

任何一个电影或电视导演从北正街经过，马上会非常惊讶地发现，这条街太适合拍民国时期的电影或电视剧了。土木结构的房屋，陈旧、歪斜、逼仄，门窗破败，檐上青草茂密，却依然抵御不了商品经济大潮的侵袭，破败歪斜的门面仍然装饰一新，宝丽板的天花板，铮亮的铝合金玻璃柜，各种各样的商品。但表面的装饰，依然改变不了陈旧的本质。这些房屋，墙是倾斜的，如果不是互相支撑，恐怕早就成一堆瓦砾了，埋在墙里的柱子和房顶上的椽条，早就烂到骨髓里去了，残砖烂瓦、朽木枯柱散发出呛鼻的陈腐气味，这种木料放在旺火里都难点燃。

任何一个怀旧的人，让他住进这种房子他都不愿意。他其实需要的是一种情绪、一种氛围，而不是阴暗潮湿、墙斜柱倾，不要说采光充足，宽大舒适，连基本的安全都保证不了。

北正街也是条民俗街，过去画年画、画菩萨的民间画师大多在此。曾经有一个年岁已高的女画师在此画菩萨，画得栩栩如生，灵光四射。端午时节，北正街中部一段摆满了一摊接一摊的草药摊子，各种各样新鲜的带着泥土的草药摆满一地。这些草药有各种功效，有杀虫驱蚊的，有温补进益的，有清热解毒的，不一而足。而卖雄黄、赤豆等泡酒的摊子也摆出来了，清香怡人，菖蒲、艾叶成捆成捆任人挑选。足不出城而尽享山野之乐。

北正街还有不少算命的人，在地上摆块红布，歪歪斜斜写几行字，连自己的命运都掌握不好的人在帮人算命。也有用红布写着"幼年学"的，自诩算命本领高人一筹。改造后的旧城，这些也将消失了吧。文化从来就是精华与糟粕共存，先进与落后相依，算命作为民俗，也会留在人们的记忆中。

北正街下段，有一排高大轩昂的房子，从一道阔大的门进去，里面有西式的建筑，这就是"迟家公馆"，这种格局这样气派的建筑，放在现在也是上档次的。据说，当年共和国缔造者之一的朱德总司令曾在这里住过一段时间，这不是空穴来风。朱德曾在云南陆军讲武堂上学，他卓越的军事才能得益于陆军讲武堂。云南陆军讲武堂里不少人是本省人氏，朱德自然和云南人有千丝万缕的联系，来昭通小住一段时间，当不会是谬传。

这条从昭通武警支队驻地，过去的北兵营延伸到辕门口的长街，现在已修建完毕，房屋青砖到底，民国风格，檐口陡伸，木窗精致，一派簇新。北正街是一条崭新的街，又是一条保持原貌的街，新而如旧，只是铺面更加宽大，格局更加轩昂。只不知，北正街上那些有名的裁缝"小董师"们还会在这里吗？

"馋嘴街"和挑水巷

地点都不大，却挺有名。这是昭通人口头上常常挂着的两个名字。

俗称"三川半"的昭通人素以善吃、好吃而闻名。

美食是文化中的一个部分，民以食为天，食以精为本。过去一条短短的街，随着改革开放的深入，随着物质生活的提高，不知不觉形成了一条以小吃为主的"馋嘴街"。

"馋嘴街"的正名其实叫崇义街，崇尚义理。正像昭通的其他街道一样，它也是土木结构的二三层房屋，漫漫的时间侵蚀了它的躯体，它也是破廊倒壁、残败不堪。尽管如此，像其他街道的房屋一样，经营者把它用现代材料装饰起来，红红火火地营业。

"馋嘴街"的特点是占道经营、烟熏火燎、香味四溢。店面多是狭窄的，就在门前支起帐篷、搭上大号遮阳伞，以写满菜肴名称的招牌为界，在各自门前开始红红火火的生意。曾经有一张获奖的照片给人留下了十分深刻的印象，这张照片是从高处俯拍的，烟雨朦胧中，"馋嘴街"像条巨龙蜿蜒而来，也像一条漂满鲜花的河流，河流里，红色的巨大的遮阳伞，像朵朵睡莲绽放，烟雨氤氲，人影幢幢，灯光迷离，人们簇拥在睡莲下吃各种小吃，气氛热烈而温馨。

"馋嘴街"的小吃是富有特色的，酸辣饺面、饺子、米线、锅贴、包子、馒头、锅锅饭等，晚上则以烧烤为主，羊肉串、臭豆腐、鸡腿、鸡翅、鸭脖子、肉片乃至蔬菜无所不有。

热闹归热闹，繁华是繁华，但环境却不敢恭维。街面被各种吃食摊侵占，路面既狭窄又泥泞，污水遍地，行人过往十分困难。

馋嘴街——崇义街现在完全改造完毕，街两边的房屋多是二至三层的建筑，青砖到顶，陡檐使房屋有了灵性，以青灰为主的建筑风格十分古朴，厚重而大方，木质门窗加上雕花图案，古朴之中透出灵性，一如昭通人的性格，大方、敦厚、稳重牢靠而有灵气。

从半边街到"馋嘴街"，全部铺上青石板了，整齐、规范、精致。走在街上，使人恍若到了另外一个世纪，怀旧寻古的情怀油然而生。这就是市委市政府、区委区政府所追求的，这是昭通市民的共同心愿。

从"馋嘴街"的街口向上伸出去的，是一条小而窄，但却十分有名的巷道——挑水巷。民国乃至解放后一段时期，昭通人的饮水都靠从大龙洞引来的水。大龙洞的水经过官沟流进城，在原来顺城街与崇义街中间的位置，有一个巨大的长方形的石砌水池，全城的人都在这里挑水以维持生活，由此，出现了以挑水卖为生的专门职业，一些穷苦的人就在这里取水挑去卖。挑水巷是进入城中心的必经之地，每天挑水的人总要溅一点水在地上，巷里的青石板总是湿漉漉的。

挑水巷的出名，是因为它是旧物交易和五金加工市场。巷里密密麻麻排列着一家家铺子，铺子里有熊熊的火焰，有机床，是加工生产铁器的。门口的摊子上，摆满了人们生产生活中必不可少的各种零件和器具，各种螺帽螺丝钉，斧子、钳子、刀子、起子、板锄、条锄、十字锹无所不有。这条巷里还有收购旧货的门面，旧器皿、旧字画都有，解放前考古学家、收藏家张希鲁先生收藏的好些文物，就是在这里淘来的，其中最有名的汉代双鱼铜洗差点被熔成铜水，这件铜洗现在成了镇馆之宝。

这里还有收购出卖旧书旧报的，一些外地人到这里就买到需要的书籍，高高兴兴携回家去。还有写信的，修锁配钥匙的。写信的人耐心寻问细细写来，再摇头晃脑颇有韵味地读，成了旧城的一道风景。

挑水巷是令人留恋的，但毕竟太陈旧太破败了，如果发生火灾，是连消防车都进不来的。改造这样的街道和巷道，成了昭通人梦寐以求的事。在日益变化的时代，旧是有历史有底蕴，旧也是破败和混乱、肮脏和无序，改造过的挑水巷，原有的风貌是在的，只是这原有的风貌，是用新的材料来重新裁做的。旧中有新、新中有旧，这就是旧城改造的成功之处。

遇一段时光

沈洋

专注于你

在昭通古城，遇一段时光。

左脚踩进陡街民国的青石板，很稳，没有想象中的滑，顺便滑进一段烽烟历史。正午的阳光，透过门檐某块汉砖的缺隙，射到一位玩鸟笼的老者的黄铜烟杆上，映射出的光芒，让游子的心镀上了一层汉洗抑或朱提银的光芒。

昭通是光亮的，是洁净的。

马可·波罗曾经行走过的古城，一座叫朱提和乌蒙的古城，一座滇军一八二师从小城心脏辕门口誓师开拔台儿庄抗日战场的古城。今天，城门洞犹在，虽是翻修，却从史迹中走来。虽没有落下历史的尘埃，却有着汉唐的遗韵。

许久没有这样专注于这座古城的表情了，就像在黑暗里注目自己年迈的父母。从小光着脚丫在昭通古城的青石板上奔跑，在建国街八角亭打角板、斗蛐蛐；在辕门口拿子、修田；在西陡街看小贩卖炒板栗和冰糖葫芦；在西街口晶莹剔透的木瓜凉粉摊前垂涎欲滴；在云兴街、杀猪巷、毡匠街和怀远街听茶馆的老爷爷摆爱国将领龙云和卢汉的故事，说这是咱们昭通走出去统治云南近二十年的大英雄；也常常穿过挑水巷，去旧货摊上翻捡弹子轱辘，堵张车车去耍酷；还常常去南北顺城街溜冰玩耍。唉，不说这些了。

冬日里的昭通按说是有些冷的，北风偏，刮人脸，一向四季分明，像昭通人的性格，表里如一，直来直去。可是今年春节不。晴，晴得通透，晴得干净，天蓝，地亮。晴得没有一丝犹豫，晴得满地乡愁。

街边的绿化树上，挂满了彩灯、彩旗、红花、灯笼和中国结，还有各式各样的"福"字，一切可以尽情展红的，都红了，红了老街，红了旧巷，红了男女，红了老少。记忆中的昭通，似乎从来就没这样红过。阳光照在街角每一位老人古铜色的脸上，溢笑的脸满是亲切和蔼的表情。他们翻过来晒，背过身晒，仿佛要把这个冬季被寒冷吸走的阳光通通给补回来。

少女少妇们手挽手走在大街上，眸子里荡着春风，扫视着古街巷那一排排时尚的模特。有时也会不服气地瞪上两眼，但还是忍不住回头，驻足于一件时髦的衣衫，或是一个有趣的小物件。那些低着头刷屏的娃们，不经意间，被大人揪耳警告：好好走路，别做低头族。听话，买油糕饵块给你吃。小子忍不住抬头，瞟向那一条美食街。其实，昭通美食多多，岂止油糕和饵块。就这一方小古城，春饼、牛蒸蒸、酸汤凉粉、白酒汤圆、火烧洋芋样样有，哪一样不是揪心的主。

这一方名叫昭阳的城，古老与现代交融，传统与时尚并立，总有几棵新的嫩芽拱出泥土，总有一些新时代气息穿过门楣。总有一些味道搅动味蕾，总有一些话语牵肠挂肚，总有一滴眼泪留给故乡。

风，总是那么个性十足，总要弄出些春的萌动。

那些飘街而过的氢气球，已然打着时代的烙印。无论材质、做工和颜色，都是那么讲究。

那些门店里传出的音乐，闪动着时光的节律。不正是王菲和那英春晚深情演绎的《岁月》吗？

不觉间，已走出古城。

回眸又见陡街，又见乡亲父老。那些街巷，穿越百年旧时光，尽管没了当年国营清华饭店的热闹，没了酸辣面馆的乡味，却一样保持着拱门模样，还是那熟悉的法式建筑。亲人还在，不过，没了当年的芳华，更多了一些牵挂。

幸好还有回忆。

还想回到巷子里，还想回到四合院，还想听到公鸡的打鸣，还想听到母鸡下个城市蛋的咯咯声。

庆幸，又在昭通古城，遇一段时光。

明年正月，应该还能回来。

洒渔街的打铁匠

打铁匠的锤，是昭通洒渔街最硬的手，在打铁匠的锤下，再硬的铁，都会软。

打铁匠的手，是老街上最有力度的锤，再固执的铁，在他手里，都会变成农民想要的造型。

打铁匠的话，是乡街上最有温度的乡音，再冷的天气，他的话，都要点燃一炉熊熊炭火。

打铁匠，是这个小镇上最早开铺的人。他的锤声常常早过钟声，滑过洒渔老街那些歪歪斜斜的百年木楼，穿过一片片正吃长饭的红富士苹果林，蹚过清花绿亮的洒渔河，盖过热烈的四筒鼓舞，成为洒渔老街最有个性的声乐。

姓邓的打铁匠，街坊称邓老二，名天学，47 载之沧桑老脸，皱纹万千，据说皆那火星子所为，一沟一沟，一行一行，每一道，都跑过乌蒙山中的河风；每一犁，都耕种着洒渔坝子的百里稻谷、大阳窝洋芋和昭通糖心苹果。

和邓老二聊，顺畅，不装，老昭通人的脾性。一锤砸下，火星四溅，眼冒金星，地泛火星，天闪繁星。邓老二撇了下嘴说："我不是洒渔人，老家在昭通城下排街旧时的生猪市场附近。"哦，原来祖上，城里人，住青石小街，喝早茶稀豆粉，吃油糕饵块，品油条豆浆，安逸。

又一锤下去，火红的铁有了镰刀的形状，邓老二说："上世纪50 年代，随我爹下乡支农来到洒渔街，生根了。"旁边抽旱烟的老者补句："邓老二他爹是铁匠，三个儿子都打铁，哥仨的店铺挨在一起呢！要得！"

老者又说："邓老二收有徒弟，嫌苦，丢了手艺打工去了。"

邓老二一边往火塘里加炭，一边说："去就去了，再收徒弟，再教。"

街口的摊子上，摆满了钉耙、板锄、镰刀，但凡乡下用得着的铁器，都齐了。那些锄具，泛着幽幽的蓝光，那些光芒，与过往农人渴盼的目光融在了一起，幻化成春光、夏花、秋实和冬藏。时光总是那么美妙，让邓老二的铁匠铺在这条老街上一直敲敲打打几十年。乍一看，似乎这时光停滞在 20 世纪 70 年代，还是那老街，还是那门楣，还是那些街坊邻舍，不变的，是那一张张熟悉的老脸，变的是那渐白的花发和嘴里吐出的那些打上现代烙印的词汇——手机、WiFi、抖音、快递。有时，邓老二都觉得自己老土了，跟不上形势，他于是有了几分失落。

幸好，还有这屋内外不事张扬的铁器，让邓老二又找到了存在感。尽管，旋耕机、滴灌设备等现代农业设施铺天盖地，但昭通苹果园里剪枝用的剪子，松土用的钉耙等传统农具，还派得上用场。这就好，就足以说明，邓老二还有用武之地。事实上，最近邓老二是有些感伤的，因为电暖器入侵各家各户，烧炭的少了，烧柴的，似乎已经绝迹，最走俏市场的火钳，现在吃了闭门羹。邓老二成天盯着那些铁器，常常透过遮火星子的墨镜，一遍遍扫视那些在他的铁锤下从变形到成形的锄具，泛着一脸的荣光。

十块。十块就十块，卖。

又出手一件。

卖一件是一件。日子，就这么混着。

邓老二说。

啪，又一锤下去，火星子溅得满街四蹿。

邓老二的火，又接上了。

者点水无多，此间尘不染

夏玲

从"一官已留清白去，何人更踏软红来"这句话在昭通民间的存在和流行，可以看出昭通人是非常重情义、富有正义感、敢爱敢恨的。

我因为写和文史相关的作品，到处收集昭通的文史资料，在旧书摊上找到了一小本昭通市的文史资料第一期，发现书中有人用毛笔字的小楷做了些批注，书法遒劲有力，这一定是昭通的某位老人家读过的书。这本书的扉页被撕去了，书已经卷了角。我家中本来已有这本书，但是我对书中的批注非常感兴趣，就将它购回家来，翻着翻着，就从书里面掉出来几张小卡片。

我一看，乐了，卡片上的书法同样是毛笔字，其中一张小卡片上写道：呸，将清官亭改为清光亭，黑心狗官，你改得百姓之口，你还蒙得百姓之眼？

老人家何事如此愤怒？原来，嘉庆十三年，陕西举人王禹甸来现在的昭通任恩安县令，经调查发现，昭通城老百姓用水非常困难，他就带头捐资倡导建设引水池，城中绅商百姓也齐齐呼应，资金很快到位。王禹甸带头携家人投工，城中百姓更是争相投工投劳，仅仅用了五个月时间，就在昭通旧城的西北边新建了一个水池。水池建成后，募集的资金还有多余，就用这些资金在水池中间建了一个亭子，亭为二层外回廊水榭，用以祭祀龙神，并砌石架作为歌台，在水池的前面造了一个石船，在左边建了一个仙阁，相互间以石桥相通，提供给百姓娱乐游玩。

水池和附属设施建成后，王禹甸因为自己以《玉海》中"看多、做多、商量多也"来自励自勉，用今天的话来说，王禹甸是将这"三多"作为自己人生的座右铭，就给这水池取名为"三多塘"，老百姓不能理解他文雅的说法，通俗地把"三多"理解为"多福、多禄、多寿"。王禹甸做了这件事后，很快离任，三年后，昭通遭遇大旱，昭通城里的另外两个池塘完全干涸，只有"三多塘"的水满足了居民的生命用水之需。这里不说生活用水，说生活用水太奢侈了，这一池塘的水，当时实际上起了保命的作用，老百姓们感念王禹甸的清正廉洁和为民办事，自发地把水池中祭祀龙神的亭子更名为"清官亭"。在昭通的老百姓看来，龙神是靠不住的，龙神没有给他们带来什么，他们感激的是修水池的"清官"王禹甸。

在此后的两百多年里，后来的昭通官员，总是听不惯"清官亭"这个地名，他们做不出实事来，却在清官亭的名称上数度做文章。官员们把"清官亭"先后更名为"清光亭""卫泉公园""红旗公园"，等等，但是老百姓不愿意改了对清官亭的称呼，就是不理睬这些新名称，而且对这些变更名称者很愤怒。于是，才有了我从旧书中抖搂出来的纸片上的语言。

是不是很有趣？从这件事情看，昭通人真的很有情义，两百多年来，他们坚守了对清正廉洁、为民办事的王禹甸的爱戴，让"清官亭"这一称呼几经周折磨难而又一脉相传至今。

现在的清官亭，是 1932 年改建的，改建时将名称从清光亭改回为"清官亭"，当时的昭通文人饶起孝撰了一副对联挂在亭前："者点水无多，一官已留清白去；此间尘不染，何人更踏软红来。"老百姓掐去了不大懂的"者点水无多""此间尘不染"两句，让"一官已留清白去，何人更踏软红来"变成日常生活中都会说出来的语言，成为大家时时会发出来的感慨。我小时候在辕门口居住，就经常听见人们说起这两句话。有趣的是，有一年我去开政协会，政协会上有委员在小组会议上发言，要求解决一个困惑大家已久的问题，另外一个委员就提示他："你还是等着，等着清官踏着软红来了后，再来提这个问题吧。"听懂话的人都相视一笑，这不是在说现任的那位官员不是"清官"吗？

我在昭通的另外一个景点八角亭抄录到了这样一段话，说的是昭通"周称窦地，楚呼靡莫，汉曰朱提，清定昭通。数王、侯、公、卿，代代酷吏，怀狗肺狼心，总搜刮百姓膏脂。叹黎民，无一家不受摧残"。骂的面积够宽广吧？再想起"何人更踏软红来"，心情似乎有点复杂。"何人更踏软红来"，这软红不是官员摆阔用的奢侈大红地毯，而是清官亭公园里面落在草地上的一层殷红的花瓣。"何人更踏软红来。"它有一点期盼，希望清官为民办事的传统能够延续下来，甚至还希望新来的人能够做得更好。"何人更踏软红来。"它有一点怀疑，我们能不能再遇上这样为民办实事的好官？"何人更踏软红来。"它有一点迷茫，如果来的是贪官，怎么办……

"何人更踏软红来。"今天的我读来，心中还有一点悲凉，难道我们只能期盼"清官"，能不能有一种机制，不需要清官来拯救我们，中国能不能摆脱人治走向法治？读着"何人更踏软红来。"我心中盼望的不是人，我心中有更广阔的期盼，能不能有一种监督任命机制？不是清官，就没有资格踏着软红来。如果没有做清官，而是做了贪官，他将没有可能卷了搜刮的钱财，踏着软红轻轻松松而去……

最近，在互联网上看到有"廉政文化"这个说法，我就想：昭通的"清官亭"名称，还有"何人更踏软红来"的流传，应该算是一种廉政文化吧，这种对廉政勤政的呼唤已深深地种在昭通人的心中。尊敬的父母官们，希望你们能做今天的王禹偁，能踏着软红来，真正为百姓做点实事，再踏着软红清白而去，即使隔了时间和空间，昭通人民也会将发自内心的敬爱转达给你，为你守护清誉，为你传达美名。

封鲊丸熊

刘平勇

龙云

1884—1962 年

中国军事将领，字志舟，彝族。

生于云南昭通，1962 年 6 月 27 日卒于北京。

1914 年毕业于云南陆军讲武堂。曾任滇军唐继尧部团长、军长等职。

1928 年任国民党云南省政府主席、国民革命军第三十八军军长、国民革命军第十三路军总指挥（后改任讨逆军第七路军总指挥）。

1948 年加入民革，历任民革第二届中央委员，第三届中央副主席，第四届中央常委。

龙云先后主政云南 17 年。其间，他努力革新，支持民主运动，坚持抗日，使云南的政治、经济和文化等各方面建设都取得了重大进步，云南昆明被誉为"民主堡垒"。

他先后派出 20 多万滇军奔赴抗日战争前线，参加了台儿庄战役、武汉保卫战等；他下令修筑的滇缅公路，是战时中国唯一的一条国际通道。

龙云将军纪念馆位于昭通市昭阳区簸箕湾村 25 社，即龙氏家祠。

1930 年，龙云时任云南省主席，为祭祖方便，在簸箕湾村新建龙氏家祠。殿内供有龙云祖先牌位，有蒋介石题写的"封鲊丸熊"和胡汉民题"遗德孔长"和陈荣吕题"燕天吕后"牌匾。整个建筑气势恢宏，工艺精巧，反映了当时云南在木雕、石雕绘画方面的较高水平，龙氏家祠是当时西南地区建筑风格和最高水平的代表。

　　2009 年 7 月，龙氏家祠增名为龙云将军纪念馆，进行修缮和布展，修缮开放后的纪念馆内存放了大量龙云将军不同时期的珍贵照片和文献资料，属市级文物保护单位。

　　"龙云先生是一位著名的民主人士和爱国将领，是中国国民党革命委员会的领导人，他同中国共产党有多年合作的历史，是我们党的一位真诚的朋友，他对人民的事业有过重要的贡献。""他的一生是一个光荣的爱国者的一生。"这是时任中共中央政治局委员、中央书记处书记习仲勋在 1984 年 11 月 19 日龙云 100 周年诞辰纪念会上所作的对龙云的评价。在抗日战争期间，龙云为中国做出了巨大的贡献。

一寸山河一寸血

1937 年 7 月 7 日，中华民族为争取生存和解放而进行的伟大抗日战争全面爆发了。

云南省军政首脑机关所在地——昆明五华山灯火彻夜不灭，云南省政府主席龙云，在召见军队和政府各部门的长官，听他们汇报情况，征询他们的意见，和他们共同研讨云南的对策。云南人民对日本侵略军的义愤像潮水一样高涨，作为全省军政长官，他不愿辜负全省百姓的期望，决定亲自去南京，向国民政府和军事委员会委员长当面陈述云南民众的愿望，表示为抗战不惜牺牲一切的决心。

临行前，龙云向昆明报界发表谈话，概述了日寇的野心及在中国的种种暴行。他说："此种暴行，实国际之所不容，人神之所共愤。当此最后关头，我全国民众应当团结一致，共赴国难，为捍卫国家而牺牲到底之精神，以拯救祖国之危亡。我愿将全滇一千三百万民众爱国、护国之赤忱，及全部精神、物质力量贡献中央，准备为祖国而牺牲……"

龙云奔赴南京时，在飞机上遇到了毛泽东亲自点将到南京参加"共商抗日对策"的中共军政要人——周恩来、朱德和叶剑英。特别使龙云兴奋不已的是，他意外见到了朱德和叶剑英。朱德和叶剑英是龙云在云南讲武堂的同窗校友。

到南京后，龙云与朱德和叶剑英经常谈论抗日的问题。他们谈得很投机，龙云说："我们的意见大体一致。"

一次，朱德问龙云："云南可以出个二三十万人吗？"

龙云说："要看战事发展而定。"龙云又问朱德："以后我怎么和你们联系？"

朱德说："用无线电。"

龙云便叫秘书送一份密码给朱德。朱德的秘书看过之后，说："这份密码不好，容易泄密。"朱德便叫龙云的秘书和他的秘书商量另编一份。龙云对中共领导人怀有高度信任感，便说："不必了，我的秘书没有这方面的经验，就请你的秘书编好后给我一份就行了。"龙云后来回到昆明，就用这套密码保持和延安的无线电联系，直到抗战胜利。

蒋介石亲临住处会见龙云，询问了云南政治、经济、国防建设诸方面的情况，龙云一一作了汇报。蒋介石亲自来访，主要是想要云南出兵抗日，见龙云慷慨激昂，便直截了当地提出：云南出两个军如何？龙云回答得很干脆：可以办到。我这次就是来请缨杀敌的。不过根据云南现有兵力，只能先出一个军，另一个军要稍后一步。

龙云从南京回到昆明后，立即着手组建抗日军队。那时，云南有九个正规旅，龙云决定从这九个旅中抽六个旅编成一个军，军下辖三个师，每师下辖两个旅，每旅辖两个团。军事委员会授予这个军的番号为陆军第六十军。任命卢汉为军长。

除步兵外，还组建了军直属炮兵团和战地服务团，全军共四万余人。

1937年10月5日，龙云一身戎装，誓师巫家坝，滇军首批第六十军4万余官兵浩浩荡荡步行1000多公里到达长沙集结，随即奔赴抗日前线台儿庄。

此时的台儿庄战事对中国极为不利，孙连仲的第二集团军在节节败退的同时，位于台儿庄左翼的汤恩伯部听说滇军即将来到，立即撤出了阵地，于学忠部见状也连忙向南逃窜。日军乘机组织3万多兵力像潮水一样涌进缺口，孙连仲部面临全军覆没。滇军就是在这样的危急关头，甚至还没来得及将机枪从马背上卸下来就与日军遭遇。英勇的滇军战士前仆后继，与日军展开了反复肉搏，没有一个人因胆小而退却，没有一个人因怕死而逃跑。

龙云治军极其严格，滇军在抗日前线上，无论是军官还是战士，都英勇无畏，舍生忘死。特别是在台儿庄战役禹王山血战中，板垣征四郎的日本皇家精锐师团向禹王山发起轮番疯狂的进攻，成吨的炸弹将山顶战壕夷为平地，前沿战士只得用炸弹坑为掩蔽，用战友的尸体围成掩体，抵御着敌人潮水般的进攻。战士们做了拼死抵抗，但仍挡不住冒死冲上来的敌人，便与鬼子展开白刃战。有位虎将，在跟鬼子拼刺刀时，接连挑死10多个鬼子，自己的前胸也挨了一枪，但他还硬撑着走到师长的面前说："请师长检验，子弹是不是从前面进去的？"

龙云是彝族，滇军中彝族将士居多，在教育将士们时，常常说："我们夷（彝）人的老祖宗三十七蛮部治军有个规矩：前面有刀箭者，奖；背后伤刀箭者，刀砍其背。战场上宁可向前一步死，不可退后半步生！我们滇军决不能贪生怕死，做脊背挨子弹的逃兵，谁给老祖宗丢脸，军法不饶！"

龙云的抗战事迹，深得共产党的关注和信任。朱德曾给龙云写信说："近年来，云南在吾兄领导下已有不少进步。抗战军兴，滇省输送20万军队于前线，输助物资，贡献于国家民族者尤多。"并说："在争取最后的搏斗中，云南将肩负更大责任，成为抗战的一个重要根据地。"后来，第30军团扩编为第一集团军，龙云为总司令。滇军先后在湖北武汉、江西南昌、湖南长沙等地与日军继续浴血奋战。

　　在抗日战争中，必须提及的一件事是，龙云下达筑路饬令，修筑了一条被誉为"抗日输血管"的滇缅公路。

　　1937年，抗战爆发后，日军很快就占领了中国的华北、华东、华南地区，中国沿海几乎所有港口都被日军占领，武汉会战以后，战争进入相持阶段，物资供应问题此时显得异常严峻起来。几百万军队所需要的武器装备，维持经济运转所需要的各类物资，无数内迁到大后方的人们所需要的基本消费品，当时维持整个抗战所需要的中国不能生产的所有物资，都要依赖一条生命线运进大后方。滇缅公路的修建刻不容缓。

　　向滇西山区延伸的滇缅公路，将与通往印度洋的缅北铁路相接。提议修建这条抗战"生命线"的"云南王"龙云，被紧迫的军情搅得坐立不安。

　　龙云当时下命令修这条公路的时候是给部下鸡毛信的，鸡毛信是当时非常紧急的信，送一个鸡毛信同时送一个木盒子，里面装的是手铐。意思就是说，你要是限期不给我把公路修好，那你戴了手铐来见我。

　　在国难当头时刻，为了抗日救国，云南人民不分男女老幼，他们长途跋涉3天至5天，纷纷赶往筑路工地。许多路段经过丛林，沼泽地带有瘴气、疟疾威胁生命。这条公路穿过中国最坚硬的山崖，跨越中国最湍急的河流。在绵延千里的工地上，很难看到一台像样的施工机械。修筑这条世界最崎岖的公路，民工们几乎是用双手在抠动岩石。

滇缅公路的修筑，平均每天出动11.5万人，最多时达20多万人，用了短短8个月的时间修筑了949.5公里的路面，滇缅公路全线通车。3千多人因此而牺牲在滇缅公路上。

1938年夏天，滇缅公路正式通车。通车典礼上，龙云将军送的不是手铐而是鲜花和美酒。

1938年5月17日至19日，英国《泰晤士报》连续三天发表文章和照片，报道滇缅公路的修筑情况，赞美"只有中国人才能在这样短的时间内做得到"。

1942年5月2日，日军入侵云南畹町，至1943年初，日军占领了滇西3万多平方公里的领土。

龙云在大敌当前的情况下，以省政府的名义号令全省各族人民继续抗击日军的入侵。1945年1月20日收复畹町，日本侵略军被全部赶出滇西，云南成为中国抗日战争中第一个将日军赶出国土的省份。

在抗日战争中，龙云始终坚持建设后方，支援前方，不惜人力物力，为保卫国家付出了极大的代价。以龙云为总帅、以卢汉为抗日前线主要统帅的滇军，先后出师3个军，人数达22万余人，与日军浴血奋战中伤亡约10万余人。

生儿岂是池中物

到了昭通，如果你不去造访龙氏家祠，你也无法走进龙云的世界。

龙氏家祠占地 26 亩，坐南向北。始建于 1930 年，历时三年方成祠堂主体，整个龙氏家祠建筑群，修建始末近 10 年。

共有两大院、六小院。

祠堂里挂有蒋介石、胡汉民等原国民党要人题字的牌匾，前来参观的达官贵人络绎不绝。完全是仿清代的传统建筑。整个祠堂，浓荫掩映，微风吹拂，动静结合，彰显着龙氏家祠的巍然和辉煌。

龙氏家祠的主人龙云是神秘的，龙氏家祠也像龙云一样，充满着神秘的色彩。

龙氏家祠是 1930 年至 1933 年左右建的，关于家祠建筑的相关资料，正史上没有多少记载，1936 年编印的《民国昭通县志》，关于龙氏家祠也只是留下区区八九十字。龙云为什么要在此建家祠，为什么要建成这样的格局，家祠正殿的设计包含了怎样的历史信息，因为史书语焉不详，就成了后人的不解之谜。

好在还有零碎的照片，还有能够见证那段历史的老人，通过照片和老人的回忆，依稀让现在的人们找回一些龙氏家祠的影子，一些保存相对完整的木雕、贴金、石础、斗拱、窗花、雀替图案还可以让木匠们在修缮的过程中找到相对正确的修复方式。那些已经斑驳的图案、透雕、贴金，那些栩栩如生、活灵活现的龙形，仍让人清晰地看到家祠建筑的精巧，找到家祠昔日的辉煌。而且，从家祠的一些保存完好的局部，也让人们对家祠本身所蕴含的丰富历史文化信息兴奋不已。

整个家祠的建设是围绕"龙"来做文章的，比如，家祠的建构，正殿和宅院构成了一个龙首图案，家祠前面的乡间小路是龙须，正殿后面的道路就是龙身，后人看不懂这小路怎么是弯弯曲曲的呢？其实是龙在起舞呢。而龙氏家祠的周围也打上了龙的烙印，现在的簸箕湾人称回龙湾，小松山又叫龙家坡，龙母的墓地又叫小龙滩，龙氏家祠所在地就是龙首了。在没有开浚龙公阴河把水引出去之前，家祠前面是一片烟波浩渺的海子，周围有水田，构成了一幅龙入大海的意境。而在家祠内部，正殿梁顶上有二龙戏珠的造型，再现了飞龙在天的祥瑞。宝顶两侧也用彩石铺砌出一个传统的"龍"字，殿内更是到处绘有各式各样的龙的形象。其中，五龙捧圣图把龙的图腾、龙的风采演绎得淋漓尽致，这让我们看到了家祠对中华民族传统文化的充分继承与吸收。

龙云身上更有一种创新的品格。他是彝人，他继承了彝族果敢、勇猛、刚毅、顽强的品质，他的一生都自强不息。但龙云的性格又是开明的，不拘一格的。在吸收中国传统文明的同时，他又兼收西方文化，他主政下的西陆街，是清一色的法式风格。他倡导修建的家祠，虽然主体上是仿清式建筑，但大门与侧门就是采用典型的西式拱门。"源远流长"与法式风格的花边有机地融合起来了，就是宅院内部取暖的壁炉也是西式的，这种中西合璧的思想使我们对龙云的包容并蓄有了更深入的了解。

龙氏家祠除了让我们看到了龙云一家人的面貌，同时也展现了昭通人民精湛的建筑技艺。正殿内那些雕有二十四孝和三国故事的精彩的木雕，那块栩栩如生的五龙捧圣石雕，那些井字天花、饰金挂落、窗棂、柁墩、饰金雀替，无一例外都出自昭通艺人之手。这些艺人采用的是精湛的透雕手法，雕出来的粉末有多少呢，不清楚，反正龙志桢每天给匠人的工钱都是通过斗量雕出粉末的多少来计算的。最惟妙惟肖的是那块五龙戏珠石雕，布局精巧，动感十足，五条龙凌空盘旋飞舞，活灵活现。而最考验匠人水平的是灵动飘逸的龙须，要求匠人有相当高的驾驭技巧。遗憾的是，这些飘飘洒洒的龙须在"文化大革命"时期被人们当作四旧给敲掉了，这五龙捧圣石也像西方的维纳斯一样有了断臂的缺憾，但昭通本土匠人的聪明智慧却通过龙氏家祠的残存部分得以保留了下来。

关于龙氏家祠，不得不提及与此相关的两个重要女人，一个是龙云的母亲，一个是龙云的胞妹龙志桢。

龙云母亲在龙氏家族里，地位可说是至高无上的。1923 年，龙云为纪念其母而建的节孝双全坊，就足以显现出龙母在龙氏家族中的地位。

《昭通志稿》有龙母的小传，称："龙清泉妻龙氏，龙德源胞姐。性情慈善。夫故，抚子云成名，任滇东镇守使。既殁，官绅呈请褒扬，祀祠建坊。守节三十六年。"既有官绅呈请，不建就有违舆情，虽不欲为也必为之。牌坊建在昭通城中心辕门口，正处在城垣东—西、南—北两条轴线的交会点上，在云兴街和陡街之间。石质，三台三楹，规格形制与古往今来功能相类的牌坊并无二致，突出的是牌坊上的两副对联，大名人的大手笔，不能不记。一联云：

自巂安四千载传家，生儿岂是池中物；

与点苍十九峰抗节，立志真为山上型。

作者是谁？就是那位敢在总统府大门口诟斥袁世凯、蒋介石，"七被追捕，三入牢狱"的国学大师章太炎。国学大师的佳构，肯定是立意高远，蕴含深沉，却不知有几人能读懂那意思。

又一联是唐昭仪的墨宝。这位名人当过前清的大官，任过北洋政府的国务总理，还任过广州护法军政府的代表，是中国近代史上有名的"三朝元老"。联语云：

有子能学万人敌，大节堪为百世师。

虽然节孝双全坊后来被拆毁，好在历史依然在风雨中得以记载。

我们再把目光投向龙氏家祠的几块匾上，正殿上曾方方正正地悬挂着蒋介石题的"封鲊丸熊"牌匾，胡汉民题的"遗德孔长"的牌匾位列左边。在正殿的两边，也还有"锡类垂型""燕天昌后"

牌匾悬挂着。

"封鲊丸熊"何意？这是由两个典故组合而成的，"鲊"（现代汉语读 zhǎ），一种用盐和红曲（调食品的材料）腌的鱼。典故本自《晋书》卷九十六《列女》第七篇《陶侃母湛氏》："侃少为浔阳县吏，尝监鱼梁，以一坩鲊遗母。湛氏封鲊及书，责侃曰：'尔为吏，以官物遗我，非惟不能益吾，乃以增吾忧矣。'"鱼梁，一种捕鱼的设置；遗，这里应读 wèi，给予、赠送意；坩（gān），瓦锅。这段引文是说：晋人陶侃年轻时，曾是浔阳（今江西九江）的官吏，他曾负责监督鱼梁捕鱼的事。有一次他把一罐腌鱼送给他的母亲湛氏，湛氏把送去的腌鱼封好，并写了一封信，一同退还给儿子陶侃。信中责备儿子说："你为官吏，竟然把官物送给我，不但对我没有益处，反而增加了我的忧虑。"意在教子为官要清廉。

"丸熊"，典故出自《新唐书·柳仲郢传》："柳仲郢嗜学，母韩，丸熊胆以助勤。"引文是说：唐人柳仲郢十分热爱学习，他的母亲韩氏把熊胆制成丸药，给仲郢服用，以之助子勤学苦读。以上两个词组，皆是古代贤母的典故。匾额落款，上款"龙太夫人徽德"。徽，美、善。《书·舜典》："慎徽五典，五典克从。"《传》："徽，美也，善也。"故"徽德"即美德。上述两个典故按朝代先后组合为"封鲊丸熊"四字，上款与此两个典故统一为一体，意在称颂龙云之母贤、教子有方。下款题名"蒋中正"。

"遗德孔长"的"遗"，是留传下来的意思，有"哀州土之平乐兮，想江介之遗风"（《楚辞·离骚》）。"孔"，大、很、甚，副词。孔德，大德。有"孔德之容，唯道是从"（《老子》），河上公注："孔，大也。""遗德孔长"四字，似可释为：（龙云之母）遗留下来的道德风范，流传很长远；或可释为：（龙云之母）遗留下来的道德风范大而长远。匾额上款"龙太夫人祠堂落成"。匾额四字，意在赞颂龙云之母及其先辈。这与祠堂大门（两侧大门）之一的门楣上"源远流长"四字有吻合之处。下款"胡汉民敬题"。

"锡类垂型"的"锡"，与、赐给。《书·尧典》："师帝曰：有鲧在下。"《传》："锡，与也。""类"，《诗·大雅·既醉》："永锡尔类。"《疏》："类，善也。""锡类"，谓以善施及从人。"锡尔类"，即此义。"垂"，留传。《书·微子之命》："功加于时，德垂后裔。""锡类垂型"，似可译为：善待他人；已成为一种好和道德定型（典范）而留传。这仍是称颂龙云之母及其先辈。

仅凭这些名人题词、名人书写的内容典范、极富深厚的文化底蕴的文字，龙母的美德也就彰显无遗。

龙云胞妹龙志桢，在龙氏家族中占有重要地位。龙云的父亲很早就去世，是他的母亲把他和妹妹龙志桢拉扯大。当龙云在邹若衡的引荐下，到唐继尧的帐下闯荡的时候，他的生母不幸于 1922 年病逝。1924 年，龙云把母亲的灵柩从炎山运到了昭通城，就在城南的簸箕湾小松山给母亲找了个穴葬下。为了告慰母亲的养育之情，当了省主席后，龙云叫自己的妹妹龙志桢主持修建家祠。

龙志桢是个节孝双全的女子，未婚夫亡故后，她就发誓不嫁，把一生的心血放在了赡养母亲和家乡的公益事业上。龙志桢在昭通的十多年，除了担负起哥哥交付的建筑家祠的重任，还在昭通城兴办教育，造福桑梓。据当地的老人回忆，昭通的第一所幼稚园就是志桢女士 1923 年创办的，家祠旁边的簸箕湾小学和城内的女子中学，也是志桢女士兴办起来的。为了办出质量，不误人子弟，她不但出资建起了学堂，还极力招聘有学识的教师。她还四处动员，说服穷人的孩子也免费到学校来就读，这在那个时代是非常难能可贵的。

龙氏家祠 1933 年建成，在其后的岁月里，多由龙云胞妹龙志桢在此主持龙氏家族大小巨细之事，这里成为龙家在桑梓故园的根据地和大后方。

龙志桢在此地招募流民屯田，疏浚河道，减免地租。并就此焚香燃烛，朝夕膜拜，诲人向善。她登台授课，撰文呼吁保障女性权益，捐资修建幼稚园和昭通十县女子中学等。

正因为如此，龙氏家祠也寄托了彝家女儿龙志桢的如水青春。

1935年，龙志桢去世后，葬在小松山和她的母亲做伴。

之后，由于时局更加动荡，龙氏家祠也陷入了风雨飘摇的非常岁月。及至昭通和平解放后，龙氏家祠作为国家财产被保留公用，其间进驻单位众多，变换频繁。时代变迁，物换星移，龙家祠堂在一拨又一拨使用者的手中渐渐地没落。高大院墙多处垮塌，雕花木窗摇摇欲坠，瓦砾堆里散落着大块青砖和图案精美的琉璃瓦片。青石板缝中长出荒草，满地的尘土、落叶更增添了几分破败、萧瑟的感觉，只有粗大的柱子下面精美的石雕不知疲倦地诉说着它辉煌的过去……

好在新时代的春风涤荡昭鲁大地，作为昭阳享誉海内外的名胜古迹，作为见证了龙氏家族兴衰荣辱的龙氏家祠，如今在海内外各界人士的关注下，在昭通各级政府的鼎力支持下，已开始了大规模的修复工程，龙氏家祠将重现往昔的无限辉煌与人文魅力。

老树的春天

傅舰军

高原上的这座私家祠堂里，有两棵大树，一棵是樱桃树，迄今为止我见过的最大最老的樱桃树。

树龄约同建筑，在 70 年以上。

很隐秘的一个别院，就供着一棵树，三面高墙，一面矮墙，也有丈高，四面均可通风，树冠庞大，遮天蔽日。

四五月间，樱桃熟了，晶莹剔透，勾人魂魄。

可惜树太高，人够不着，只有鸟儿可以任意啄食，满地都是被啄过的红樱桃。

阳光从密密的枝叶间漏下来，像追光一样照亮被糟蹋的红玛瑙。

看热闹的人挤在门口，不敢进去，犹疑之间竟含了一腔口水。

别院深处是旧时女眷休憩和避讳的场所，外人不可擅入。

我想象不出当年的情景：三五个裙带飘飞、体态轻盈的妙龄女子，约在樱桃树下，不时踮脚摘下一颗红樱桃，然后翘起兰花指，送入小嘴，轻咬慢吮，先是一丝酸涩，而后有微甜，那微蹙的柳眉便舒展开来，该是何等生动和娇憨啊。

另一棵不是樱桃树，是梨树，迄今为止我见过的最大最老的梨树。

据说树龄超过 150 年，最多能摘 2000 斤梨。

5 年前初见时，满树黄金色，那梨就横在过道上，刚好碰人嘴巴，馋死人了。我的内心和老树一样充满爱情与欲望。

老态龙钟却又硕果累累。如今，两棵树都不得不剪枝，少了分权与负累，原先的钢管支架也撤了，只剩下树干与新长出来的细枝，像一对恩爱的老夫少妻。

今年的梨树挺直了腰杆，梨花都开在了高处，有了高不可攀的距离感。树干苍劲黝黑，花形更小，点点红萼隐约可见。

近景是结实的青砖围墙和琉璃瓦屋顶，远景是无与伦比的高原蓝天，白云在风的策动下匀速移动。

梨树下是一个苗圃，种着矮的芍药，不久前松过土，还不到开花的时候，低调得很。

矮的芍药丛中，十几只麻雀受惊而起，扑扑棱棱，叽叽喳喳，很不高兴地走了。

一只喜鹊从梨树上空掠过，朝半里外的一个黑点飞去，那是落光了叶子的白杨树梢上喜鹊的巢。

此时已是二月，江南依旧沉浸在连绵冷雨中，高原的春天却从这两棵老树上攒足了力量，然后坚定地蔓延开去，占领一座座杂色的山岗。

六十军出征歌

刘平勇

卢汉

1895—1974 年

1895 年生于昭通炎山，著名抗日爱国将领，原国民党滇军高级将领，国民革命军陆军二级上将。

1949 年 12 月 9 日在昆明率部起义，和平解放云南。

1955 年被授予一级解放勋章。历任云南军政委员会主席，西南军政委员会副主席，国家体委副主任，国防委员会委员，全国人大二、三届常委，全国政协二、三、四届常委。

1974 年 5 月 13 日因患肺癌在北京病逝，终年 79 岁。

卢汉将军纪念馆位于昭通市昭阳区永丰镇绿荫村 14 社纳吉块，即卢氏宗祠。

建于 1936 年，祠堂内前殿、正殿、左右配殿、左右两厢组成四合院，院内四角各有一小院。正殿木架结构单檐歇山顶，板瓦屋面，筒瓦相扣，前有月台，台上建有石护围栏。正殿、前殿雕梁画栋，大门下部刻有龙纹、云纹浮雕，穿架上刻有梅、兰、竹、兽、牡丹等浮雕，院内石板铺地。

2009 年 7 月，卢氏宗祠增名为卢汉将军纪念馆，属市级文物保护单位。

血战台儿庄

1937 年 10 月 5 日，龙云在昆明巫家坝主持了六十军出征誓师大会，云南各族人民群情沸腾，各界群众敬献旌旗，对六十军出征寄予热切期望。"卢军长，打！三师长，杀！杀！杀！誓灭倭寇，保卫祖国！"的口号声响彻红土高原的蓝天，盛况空前，感人泪下。

卢汉带领全军将士宣誓："以牺牲的决心，作破釜沉舟的抗战！"表示了六十军抗战到底的决心。

1937 年 10 月 8 日，六十军官兵在无数从四面八方拥来的人们的夹道欢送下，发扬当年滇军护国讨袁的光荣传统出征抗日，他们精神抖擞，高唱着《六十军出征歌》，阵容整齐地经过昆明市中心金碧路上的金马碧鸡牌坊，浩浩荡荡地奔赴抗日前线。

这一去，出征的三分之一以上的六十军将士从此再也没有回到养育过他们的故乡，永远长眠在了那片曾经被炮火硝烟烧焦了的土地上。

1938年，震惊中外的台儿庄大战。

李宗仁急电蒋介石，指名请求调派滇军六十军火速驰援。

当天下午部队一到，卢汉就下达了集结命令，并要求全军将士随时准备战斗。

四月二十二日拂晓，六十军渡过运河，各部队向指定的集结点开进。约在上午八时，军指挥所刚抵达黄家楼，东北方向突然枪声大作。几分钟后，卢汉接到一八三师师长高荫槐报告，该师先头部队杨鸿光旅在临近陈瓦房、邢家楼、五圣堂时，突然与日军遭遇，现在正激烈战斗。

原来，汤恩伯的部队已向大良壁东南面溃退，他的左翼陈养浩师已退到岔河镇附近，于学忠部队右翼第三三七旅则已退到台儿庄以东陶沟桥、浪沧庙附近。两部中间接合部留下了一个大缺口，敌军便从这个缺口乘虚而入，由两个联队近五千名步兵、三十余门火炮、二十余辆坦克组成的日军，正向六十军集结地陈瓦房、邢家楼、五圣堂一带猛扑过来。

卢汉感到形势危急，立即命令高荫槐师迅速展开，抢占要点，坚决抵抗。同时决定将军指挥所设在黄家楼，马上架通通信网，并派出参谋命令第一八二师、一八四师迅速赶到集结地，构筑工事，迎击敌人。

日军对于陈瓦房是志在必得，他们集中了优势兵力，轮番向尹国华营的阵地冲锋，争夺战打得异常激烈，我方官兵在尹营长带领下，上好刺刀，跳出战壕和敌人肉搏，有的士兵和敌人扭打做一团，难分难解。就这样，我军一次又一次把敌人打回去。战斗持续了一整天，尹国华营长不幸中弹牺牲，全营官兵已伤亡大半，剩下的官兵仍前仆后继，奋勇拼杀。最后，阵地上只剩下十来个士兵，敌人仍然像潮水般涌来，守住阵地是完全不可能了。这时，有一位班长跳出战壕，大声呼喊："弟兄们，上刺刀，跟我冲出去！"士兵们一个个跟着班长，向敌人群里冲去。然而，众寡悬殊，班长和十来个士兵都在冲杀中壮烈牺牲了，只有一个士兵突围出来。除此一人外，全营五百多名官兵与阵地共存亡，壮烈殉国。

尹国华营激战一整天，挡住了日军的前锋部队，为六十军赢得了战斗准备的时间，对整个战局起了重要作用。

4月25日下午4时，日军集中了一百多门大炮，十多架飞机，向蒲汪我军阵地轰击，除燃烧弹外，敌人还使用了毒气弹。整个阵地都在燃烧，蒲汪的土地都被犁翻了一遍。卢汉军长在军指挥所非常不安，打电话问安恩溥师长：

"你们正面好像雷鸣地震一样，这是什么？"

安师长答："还有什么，敌人的炸弹在蒲汪阵地上爆炸嘛。"

卢军长："飞机大炮过后就是步兵坦克，可要注意！"

安师长："是。"

卢军长："宋一痕他们拍电影的有没有到你们那里！"

安师长："可惜没有见，他们来的话，现在蒲汪头上浓烟、火焰冲起几丈高，这里面有我们官兵的血和肉。这个镜头拍下来作个纪念，也可以告慰这些将士的忠魂。"

日军每天派出几十架飞机，侦察、轰炸我方阵地，为炮兵指示目标，掩护步兵冲锋。张冲师长看到敌人的这种战术，想出了一条妙计。原来，六十军官兵每人配有一顶笠帽，行军时用以遮阳挡雨，可打起仗来就不好隐蔽，加上笠帽表皮那层桐油，阳光一照，油光闪闪，目标很大。日军飞机一看到笠帽就轰炸、扫射，一八三师就吃过敌机的亏。张师长就根据这条经验，命令部队在敌机到来之前，秘密地把笠帽摆放在离阵地前沿一百多米的开阔地里，就像部队在那儿防守一样，然后，官兵全部隐蔽在掩体里。将近中午时分，天气转晴，太阳当空，几十架敌机呼啸着向我阵地扑来。敌机一发现亮闪闪的笠帽群，便争先恐后地向笠帽群扔下炸弹，同时，敌人的步兵以为发现了我军主力，在指挥官的呼喝声中，潮水般地向笠帽群涌来。敌机看到笠帽地带人群跑动，更加疯狂地轰炸扫射起来。一时间，我军阵地前百十米地带，机枪、炸弹声震耳欲聋，火光迸射，尘土飞扬，弹片的呼啸声，敌兵的哭喊声、咒骂声连成一片。日机一飞走，我军官兵马上跳出战壕，以迅雷不及掩耳之势，冲到乱作一团的敌人当中，很快地把敌机炸剩的这部分敌人歼灭了。

经过三昼夜激战，日军进攻部队大部分被歼。

六十军从接受参战命令到撤离台儿庄前线，时间不到一个月，从到达战区之日起，白天黑夜与敌人血战，先后顶住了日军五个师团的进攻。这次台儿庄战役之惨烈是历史上所罕见的，将士们牺牲得英勇壮烈，全军伤亡过半。然而，六十军的战绩更为辉煌，仅击毙敌军数即达一万二千多人，打伤敌人难以计数，超过了第一阶段台儿庄战果总和。日军听到六十军的威名就胆战心寒。

高原烈日下，那个风一样的女子

胡琼

两年前的夏天，我第一次到高原上的这家工厂，接待我的是一个女孩，小胡。

其实是第二次见她。

第一次是在公司年会上。她与伙伴们远道而来，一曲原生态的孔雀舞，惊艳了在场所有人的目光。

小胡高而玲珑，穿着随意。

高原上的女子，不似江南女子的灵秀细腻，说话做事，爽利而不拖泥带水。

行走在山脊上，风拂起她的栗色头发，乱了姿势。

阳光猛烈。

一屁股坐在栈道上，手搭凉棚，一张小圆脸，略带婴儿肥，两朵高原红，如花盛开。

席地而坐，吃一颗烤洋芋，补补体力，芳香弥漫，笑意弥漫。

出门前曾有叮嘱她带些花裙，她说她不喜欢裙子，更不喜欢花裙子。

一身背带牛仔裤，外加一条素色围巾，腰身如弓，人如蝶舞。

高天上流云。

我听见朗朗的笑声，在高原的风中疾走。

那是一个风一样的女子啊。

站上最高处的岩石，双翅展开，一脚踏空，是想飞身一跃吗？

身后是 2600 米深的悬崖，眼前是无数惊吓的目光。

随手一甩，一只黑色发夹飞向天空。

暗影里，那一双白色的鞋，始终如精灵般跃动。

落日的光，映在山梁上，她的剪影映在山梁上。

凭栏处，人影流动，头顶是霞光万道，脚下是云海翻涌。

后来，听说她离开工厂，去了彝良政府机关，那个离小草坝很近很近的县城。

记忆中的美好永难消亡。

还能再见到她吗？

高原的风不语。

小刘的故事

张强　杨晓红

一

　　每次来高原药厂拍摄，都是小刘接送。

　　一路上，话不多，长途颠簸间，若你不找他说话，就可以一路无语。偶尔，问到他不愿意回答的问题，他咧开嘴笑笑，憨憨的。我坐在副驾驶，偏头一看，他眼睛大大的，嘴巴厚厚的，是可以让人秒生好感的那种。

　　这次不一样，拍摄任务与他有关，话便多了些。

　　一路去他家时，他突然说了句：老师，等会儿，你把我老婆拍好看点。

　　我没当回事，笑着回了他：当然当然。接下来的一句话，让我心生了些许感动，他说我老婆爱美，这些年她不容易，吃苦了。

　　我追问了一句：怎么就吃苦了？

　　他稍稍犹豫，顿了顿，似乎下不了决心，来和一个几近陌生的女人聊家事。

我也不催促，沉默地等待着。

接着，他长吁了一口气，缓缓地说开了：

以前我是个的士司机，早出晚归不停地跑，一个月六七千的收入，在这个小城市，钱，已经赚得不算少了。

但，我有个脑瘫的女儿啊，所有的钱，都要节省下来，给女儿无止尽地吃药、看病、请医生。那些年，好像永远在跑医院，听到哪里有偏方，再远也要赶去。老婆成天照顾着智力有障碍、生活不能自理的女儿，精神好压抑，完全没有机会接触外界。

我呢，只能拼命加班，开车挣钱。慢慢地，身体垮了，精神也垮了，整夜整夜地无法睡觉。

活着就是很难啊，觉得一点点希望都没有了，整个家，一直一直往黑洞里掉，看不到底。

他完全陷入回忆中，喃喃自语。

我惊呆了，转过脸定定地看着他，一时不知怎么安慰。心疼痛着，完全不敢想象，那样的生活，怎样地难挨。

看着我惊愕的表情，他抱歉地笑笑，一字一顿：那时候，死的心，经常有。

可是，怎么能死呢？女儿怎么办？

肯定不能垮！

我和老婆商量，开始想办法，不开的士了，找个单位上班去。天不绝我，该着我命转好了，一下就找了个好单位！

老师，你知道吗？我们这个药厂，是本市纳税大户，一年交两三千万，应该是市里前几位的水平吧。

说到这里，他脸上明显有了笑容。

我也跟着他轻松下来。

小伙子误会了，说：老师，你别笑话我。我没读过什么书，文化水平不高。

我一边在公司继续开车，一边留心学习，希望自己能有所长进，将来就不怕了。

几年下来，女儿也长大了，稍能自理些，就送去鲁甸专门的学校。前几年，又生了个女儿。现在，大女儿在寄宿，一周接回家一次。小女儿快上学了，聪明又漂亮，每次别人问起家长的单位，孩子回答说永孜堂，几乎人人都晓得，我也觉得有面子啊，没给女儿丢脸。

如今，老婆也出去做事了，生活开始宽裕些，总算觉得日子又有了滋味。

一路说话，转眼就到了。

上到 6 楼，一间两居室的廉租房就是他的家。

打开门，一位靓丽的长发女子，牵着个怯怯的小女孩，落落大方地把我迎进了屋。

哎呀，真年轻，真漂亮啊。

我脱口而出。

她咯咯咯地笑，好像拂动了一串风铃。

接下来的拍摄工作紧凑又顺利。

收拾好了机器，一转头，就瞧见了小小卧室里的结婚照，唯一一间卧室要住 4 个人，门就难免会有点打不开。

我往里一指，打趣她：小刘追你那会儿，很帅哦。

她朗朗地笑起来，大声说：才不是看上他帅咧，是看他很诚实啦。

小刘还是不讲话，一旁憨憨地笑。

突然拿出一个透明的瓶子，在镜头前晃动起来。

那是很久以前，小刘送给妻子的一瓶幸运星，他亲手折的，她一直留着。

二

曾经岳父有两个宝贝。

一个是他的小女儿，现在是我的"那位"，我孩子的妈。

十八年前偶遇，三魂七魄都飞到彩云之上去了。再没有这样好看的女子了！清泉一样的眼睛，甜美的笑容，都让我醉倒。

我当然不能让她跑掉。穷尽毕生智慧，终于俘获芳心，你能想象我的幸福吗？

经过一年多相处，她决定带我去见未来的老丈人，你能想象我的紧张吗？

在夏日明媚的阳光里，坐上了未来三姨父的车，昭通到彝良，七十公里路很快就到了。

没有这么快！在云里雾里的盘山公路上颠簸，怎么也得四个小时，今天怎么会这样快？

在太阳的余晖中我下了车，舒展一下腰肢，感觉好多了，一路上的紧张这时也不知跑什么地方去了。

女友银铃般的声音在我身后响起：

"爸！"

我抬头一看一个瘦高个的老头，蜡黄的脸色。

我没有说话，紧张偏偏这时候回来了。

咳咳咳……快进屋。

一张圆桌。

一大家人围着。

倒上浓烈飘香的苞谷酒。

平时不喝酒的老丈人端起了酒杯，也没有多话："干了啊！"

顺手给我夹了一块"土豆"。

什么情况？桌上炖得汤汁金黄，大块的土鸡不夹？

不管了，刚刚一口闷下去的烧酒还在肚子里闹腾，用这"土豆"压一压，也是好的。

咦！这"土豆"，不怎么粉，还有点脆，有点甜，不像一块正经土豆样。

我忍不住，终于问了一句：这是啥子土豆呢？

一家子人都哄笑了。

舅哥说：这是小草坝那儿的野生天麻，哪是啥子土豆。

这时大姐夫说话了：来，干一杯。

这就二两下去了。

我话多了起来了：这天麻也不怎么好吃。

大舅哥说：你莫小看这天麻哦，四五月间，大姐夫的母亲外出打猪草，偶尔发现一株两株天麻花，便做了记号，等到冬天再去挖天麻，本是送给爸补身体的，爸一直留着，舍不得拿出来吃，是爸的宝贝哦！

我醉了……

第二天酒醒，咂吧咂吧滋味，我明白过来。

老丈人这是把他珍爱的两个宝贝都交给我了。

美丽贤惠的小女儿。

不太好吃的天麻。

从那天起，岳父的宝贝就成了我的宝贝。我爱着我的妻子，也爱上了小草坝的天麻。

到今天，我的宝贝又增加了两个，两个活泼天真可爱的女儿，我一共有四个宝贝了。三个是我珍爱的家人，另一个是我热爱的工作。

我每天勤勤恳恳地工作，踏踏实实地上班，高高兴兴地回家，都是为了我的宝贝。

九泉之下的岳父，应该可以放心了。

人在高原

傅舰军

樱桃花开

　　滇东北的这片高原上，几乎每家的屋前屋后都有三五棵樱桃树。连续三个艳阳天后，樱桃花竟齐齐地开了，漫山遍野放起了白焰火。

　　工厂的院子里也有三棵樱桃，藏在一大片林子里，就在宿舍去食堂的路上，一日三餐，我每日便看她三回。

　　初开时如梅花，有花无叶，赤条条的树枝上孕了细细的苞，一天比一天饱满，猛一日，像是听从了谁的口令，全爆开了。色如梨花，无杂色，始终一身素雅打扮。花是单瓣，状如樱花，却不是樱花。开花的架势却像桃花，经不起风的撩拨，才矜持几日，就有些肆无忌惮，很快花团锦簇，枝条上有些堆砌。

　　这是高原苦冬后的第一茬花。孟郊有诗咏樱桃："万木皆未秀，一林先含春。"樱桃花开后，杏花、李花、梨花、桃花、苹果花就接二连三地开了。漫山遍野的花，像要演一场大戏，那樱桃花先出来暖场了。

离城三十里，有一个大水库。拦河筑坝，高程均在两千米以上，河谷深切，两面山势陡峭，水面细长幽深。连接大坝的马路两边，几年前移栽了不少樱花。樱花开时，几乎倾城出动。三年前朋友们陪我去过一次，所谓十里樱花大道，我走了不到一半就淡了兴致，打道回府了。这些年来，几乎每座城市都有类似的樱花大道，好看倒是好看，总感觉那不是自己的东西，那局部的热闹，哪里比得过高原上那漫山遍野的樱桃花啊！

周末出游，我坚决不去大坝，而是翻山越岭到了水库边的一个偏僻的村庄。四五户舍不得搬走的住户，几栋破败的土坯房，散落在红土坡上。房前就有樱桃，满树茂盛的银色碎花，花团间，黑的、黄的土蜂正在忙碌。土坯房五十米以下就是水库，水位很低，岸边一地泥泞。到哪里垂钓呢？饵窝子该撒在哪里呢？回头望见山坡上一树一树的樱桃花，在蓝天下像一朵朵祥云，那心情好了许多。

午餐丰盛。一盆鲜鱼，用现磨的豆腐煮到水乳交融，说不出的鲜美，我连喝三碗鱼汤。土鸡生猛，一双黑爪子倒插在土豆炖过的鸡汤里，想想都美。当地自酿的苞谷烧，劲足，一碗下去，胃里已经翻江倒海。主人仍在不停地劝酒夹菜。我只恨先前鱼汤喝得太多，没有合理安排自己的肚量。

从山顶俯瞰水库，透过山林，只见水碧如蓝。主人说，要是夏天来，你会清晰地看见鱼群在水里悠闲地散步。一只快艇突然闯进来，在水面上画了一个"8"字，很快又开走了。应该是水库巡逻船，是怕有人偷着捕鱼吧？马达声在山谷中有些刺耳。

城南郊的龙家祠堂，是云南王龙云祭祀祖先的地方，别院里有一棵高大的樱桃树，据说是龙云胞妹龙志桢当年亲手所植，如今已长到遮天蔽日，高不可攀。去年樱桃熟时我曾去看过这棵树，阳光透过满树熟透的红樱桃洒在院子里,满地碎光,满地樱桃,不忍落脚。

我悄悄退出来，立在台阶上，痴痴地看满树被阳光照得晶莹剔透的红樱桃，看不知名的雀儿在茂密的枝叶间跳来跳去，偶尔啄食一粒樱桃。我觉得这哪里是平常的鲜果呢，分明是沾染了高原灵气的珍珠啊，高原人真得把这漫山遍野的樱桃高看一眼！

樱桃花盛开的日子里，高原上突然下起了雪，春天的第一场雪，把院子里的樱桃花裹得严严实实，只看得见朝下的部分，那细细的花蕊如傲雪的梅花一样似乎更显精神。我不知道经雪的樱桃会不会是另外一个味道。一个月后，树上会结满珍珠般的小樱桃，几场春雨后，樱桃就会由青变红，满城叫卖红樱桃，那将是怎样的酸酸甜甜啊！

失落的红樱桃

高原上的那家工厂，我每个月都要去一趟。因为不能直达，便多了许多辗转的旅程。

工厂在滇东北角上，海拔近 2000 米，冬春季有雪，极冷；夏天阳光猛烈，气温不高，太阳却如天花板上的那盏浴霸灯，直直地、近近地照着你的光身子。最好的季节是每年的三四月间，杏花、梨花、李花、桃花、樱花、苹果花、油菜花，接二连三地开了，高原上满目春意。

工厂院子中央是一片茂密的林子，有多种名贵树种隐身其中，但我以为最馋人的还是那几棵樱桃树。

这个时节过去，办公室的同事就会领我去林子里看那几棵樱桃树，说：傅董，下个月过来就有樱桃吃了。

甜吗？

甜。

酸吗？

有一点点。

等那个酸字一出口，我已忍不住咽起了口水。

第二个月过去，我问：樱桃熟了吗？

办公室的同事尴尬一笑，说：对不起，熟是熟了，但都给鸟和人偷吃了。

年年被这样吊住胃口，我的腮帮子软了又软。

好在此地盛产樱桃，几乎每家每户屋前屋后都种着几棵樱桃树。

离开高原的那天早晨，办公室的同事特地领我去了老街，满街都是诱人的红。那樱桃是本地品种，颗粒小如珍珠，晶莹剔透，红里透金，味道有些酸涩，但因为日照充足，甜味扎实绵长。

我居住的城市不产樱桃，外来的樱桃都坐过飞机，每斤价格在60块以上，总忍不住会去超市买些尝鲜。去北京、青岛时，也曾和朋友们去规模种植的樱桃园亲自采摘，价格都不便宜，个儿要比高原樱桃大几倍，且一处比一处甜，几乎没有酸涩的味道，但太大太甜，反而感觉有些不真实了——都不是地道品种，不知从哪里引种的。

老街上卖本地樱桃的几乎都是些上了年纪的婆婆子，头上盖着各色帕子。价格不过10块出头，实在不忍砍价。用最大的塑料篮子装了一篮，也不过15斤。听说要走几千里，婆婆子用新鲜的樱桃叶子垫了又垫，盖了又盖，生怕路上有什么损坏。

婆婆子一再说：吃吧，不要钱的。

我说：一直在吃呢。

等我提篮离开时，突然感觉自己的牙根已经软了。

小心翼翼地，提着那一篮樱桃，我在候机室里坐下。对面是一位十八九岁的姑娘，穿一件樱桃红的冲锋衣，拉链拉到顶，藏住了半个下巴，一头黑发在正中间分开，瀑布般泻下来，遮住半张脸，黑发间露出一双警惕的大眼睛，鼻梁如削，人中分明，嘴角微翘。姑娘一直低头看手机，偶尔抬头顾盼，才露出高原上难得的好皮肤，但两颊还是有浅浅的红晕，那是当地特有的高原红。

姑娘不时用眼睛看我脚边的篮子，我掀开几片叶子，说：吃吗？

姑娘也不说话，很快移开了目光，继续看手机。

在重庆中转，姑娘就站在我右侧等行李，那半个下巴依旧藏在樱桃红的冲锋衣里，还是不说话。

皮带上走来一排行李，一个熟悉的纸箱子映入眼帘，竟是"四磨汤口服液"的包装箱，方方正正，不见一处凹凸，用结实的土布带打了一个井字。

姑娘伸手去拿纸箱。

我脱口而出：哎，你是汉森的吗？

姑娘一脸的不相信。

我连忙解释：我也是汉森的呢。

姑娘更不相信了，警惕的目光扫了我一眼，把箱子放到推车上，坚定地往外走。

汉森在外面的营销服务人员多达 1500 人，不认识的多。

等我拿好自己行李，赶到出口，再也不见了那一身樱桃红。

姑娘啊，你有亲戚在当地医药公司吧？

姑娘啊，不是所有的搭讪都心怀鬼胎！

雪松树下

高原上的幸福往往不易察觉，比如此时——7月20日早上8点，我坐在院子里，即时温度摄氏19度，凉快到有点冷。

那些明媚的阳光，从瓦蓝、辽远的天空斜射进来，似乎有寒意。

雪松投下自己的影子，似乎怪青草长得太快，故意遮住头顶的阳光。

草地是才修剪过的，机器走过的痕迹尚在，远不如益阳的工整。

原本是高原，不好种草，真种了，居然也这般茂盛。

雪松的确是少了很多，要是去年不下狠心移栽、打枝，那阳光如何照得进来？

林子稀了，鸟也少了，居然听不到蝉鸣。

午休时间，姑娘们会三五成群，坐在树荫里歇息，不一定说话，即使说话，声音也轻，偶尔笑出声来，立刻掩了嘴，左右看看，草地上又恢复了宁静。

那个黑衣红裤的女子独自坐在树下看手机。手臂如一枝新挖出的藕，暴露在细碎的阳光下，似乎并不担心晒黑去。

林中空地，一棵大叶女贞开了鹅黄色的细花，撑起巨大的华盖。

最高挑的是一棵朴树，树梢高过屋顶。树下土丘上，一只八哥炫耀着羽毛，眼神迷幻，步伐轻浮，在树荫里稍作停留，便去了别处。

草丛里有小蘑菇，极娇嫩的样子，不忍采摘。

仍然有杂草，却是半夏。老板说过：名贵中草药，不要拔了，留着大家认认吧。便一直留着，长得比草神气。

水池里也养了鱼，金色或者青色的鲤鱼，听说还投了几尾金鱼，原本是个错误，那金鱼何等娇贵，这里如何养得活？一个月过去了，居然不见异样，大约是适应了。池子里的水已经足够干净。

移来数株睡莲，至今打不起精神，很可能是受不了鱼不断的啄食与骚扰。

放暑假了，孩子们在嬉闹。三个小人影在树林间如蒙太奇般切换。一辆小单车是他们演戏的道具。

倒班楼前的李树、桃树、梨树都挂满了果，满满的，似乎要坠落。

我在两地来回奔波已经五年了，每到三四月，高原上的春花竞相开放，就开始有人勾引我：下个月来就有樱桃吃了，有桃子吃了，有李子吃了，有梨子吃了，有苹果吃了。

第二个月，等我含了口水再来，一问，那人竟无半点歉疚，假装叹一口气，说：你要是早几日来就好了——已经被人和鸟偷吃掉了。

的确是一颗不剩。我立在树下，将口水悄悄咽回肚里，咽不下的是那一口怨气。

今年却无一颗被偷吃。

直到昨日，有人去采了些熟透的李子，用碟装了，送给大家尝鲜，午餐时食堂的每张桌上都有一盘红澄澄的李子。

少了偷吃的刺激，却多了分享的快乐。

透过洒满阳光的窗，我看见一张张欣喜的脸，因为一颗玲珑的果子，瞬间挤满酸酸甜甜的表情。

自带光芒的格桑花

高原，黄昏，有些冷。

这花却开得温暖。

这里是昭通城北，金沙江移民安置小区。

几乎所有有土的地方都长满了格桑花，密密匝匝，花茎纤细，却坚挺如钢丝，花瓣小而轻薄，每一朵都昂扬向上。

格桑花三个月前就开了，依旧精神得很。即便已经开过，头顶无花的青茎并无一丝疲态，依旧坚强地在风中舞蹈。

不像那几株向日葵，猛烈地开了，出尽风头，却早早地衰落了，只剩颓废。

我到底还是喜欢细花。

人在花中走，露出一张脸，那脸也生动了。青春的更青春，即使是一张老得不能再老的脸，也添了生气。

颜色有些丰富，细看并不繁杂，要么浑身素白，要么红到发紫，要么在白花瓣边上镶了一圈窄窄的紫红。

我想起了湖南故乡春天的紫云英，也是这样漫山遍野，也是这样艳丽而素净啊。

那个女孩并不说话，只是跟着我，然后伸过头来看回放的镜头。

我说：是想照相吗？

女孩轻轻地哦了一声。

我说：那就照吧。

女孩便听从了我的使唤。

山雨欲来。

在同一片格桑花地里，穿蓝士林布的老人斜扛一支弯把大布伞，头戴棉帽，匆匆而行；女孩却一身清凉打扮，伞是折叠短伞，脚下在走，眼睛离不开手机。

放下手机和伞，那步子就轻快起来，一件白T恤，一条大红格子的九分裤，立刻灵动起来。

小头小脸小骨架。

头发是精心编织过的，皮肤呈麦色，额头有青春痘，眼睛黑亮，眉如卧蚕，睫毛那个长啊。

突然显出野性来，竟翻过栏杆，站到花丛中。

我连忙止住她，怕糟蹋了那些花。

翻越栏杆的姿势是最自然的 pose。

弯腰，嗅花，那花香一定很淡吧。

随手摘了一朵花，衔在嘴角。

摊开双手，大摇大摆地坐到椅子上，用眼睛狠狠地看住我，原来是一个小号的吉克俊逸呢。

小吉克俊逸并非移民子弟，说是在马路上闲逛，突然看见满园的格桑花，便进来，舍不得回了。

光线有些暗淡。

不像平时，猛烈的阳光可以把每一片花瓣照得通透。

这个小吉克俊逸却自带光芒。

她要过我的手机，加了微信，悄无声息地走了。

第一条微信也是昭通口气：照片你整好发给我嘛。

第二日我把整好的照片发过去，立刻收到回信：有空再来玩嘛。

我回：好嘛。

猛然想起那个穿蓝士林布的老者，穿过同一片花地后，您去了哪里？

您是刚从金沙江边回来的吗？

是不是常常梦见那个已经被水淹没的故乡？

金沙江边的故乡也有连片的格桑花吗？

如何才能让您也看到照片中的自己？

在我的镜头里，您也是一朵自带光芒的格桑花啊。

这一次，只为你而来

这一次，我只为你而来。

梨花开了，我不去看；樱花开了，我不去看；漫山遍野的苹果花开了，我不去看；高原上所有的花都开了，我都不去看。

我只看你。

半月前见你，还是躲在高大雪松下的细碎嫩芽，小心翼翼地亮出星星点点的红；半月之后再见，你已经如此茂盛而丰富。

短短半月之间，你红了，绿了，还泛起了金色。

你是我刚过门的新娘吗？每日都换新衣裳。

你知道你在早晨的阳光下有多么惊艳吗？

一束带雾的白光，从雪松间漏进来，映在你柔韧的枝条上，仿佛一道追光，照亮了幽暗的舞台，舞台中央，你穿着新衣裳，面容俏丽，垂手而立。

你知道你在傍晚的夕阳下有多么通透吗？

猛烈的阳光，从西面平直地照过来，每一片枫叶都晶莹剔透，看得见脉络，雪松的阴影清晰地印在刚刚翻过的新土上，反衬着你的亮丽。

从清晨到傍晚，不知道要在这条红枫大道上走多少回，仿佛是30年前，那个高高瘦瘦的鬈发青年，无数次徘徊在工厂的马路上，希望与某个姑娘邂逅。

不早不迟，每天下班的时候，鬈发青年就会迎面而来。

下班了？

嗯。

姑娘哪里知道，每一次照面，每一次简短得不能再简短的问答，都是别人的重重心思啊。

你不知道，这一次，我只为你而来。

我什么也不做，我什么也做不了，只能静静地站在树下，内心狂乱地看你。

又怕被你看破，便退后些，站在雪松这边，远远地看你。

直到夜幕重合，雪松的黑影淹没了你，我还要站在阳台上，从树梢上再看你一眼。我相信，即使在黑暗里，你依然闪耀着自己的光彩。

高原的夜，冷而安静。我会早早地睡去。此刻，我的新娘啊，就在第三棵雪松那边，离我不足 50 米。我似乎感受得到你轻微而匀称的鼻息。

明日一早，薄雾中的你，会穿哪件新衣裳?

小城昭阳

龙冬

夜晚八点多钟，自首都北京大兴机场飞往云南省昆明市的航班，三个小时以后降落，航程中间经停一站，然后还将续航升空。刚才落地，机舱里稀稀落落的沉睡者全都清醒过来，人人眼睛从口罩上方张开，个个精神抖擞，坐在原位直起身子向舷窗外面望一望，只有几位旅客起身取下自己简单的手提箱包，快速往前面舱门移步。停机坪上看不到两架飞机。远处黑暗中隐约静默着低矮山脉。我的每一次旅途，都会因为某一点相似，联系起来往日的所到之处。这是哈瓦那？廷布？加德满都？还是印度东北的巴特那？头顶群星异常活跃，犹如一张童话世界的画片。空气清爽，夹带着淡淡的甜味。昭通到了。

这是 2020 年新冠疫情以来我的第一次远足，我已经有将近七个月没有离开过北京了。现在，请你原谅我身上的记者习气，我要多写一笔下面的内容。

出行旅客在北京机场反复过关测试体温，手机反复扫描健康码验证，表格填写姓名、身份证号码、居住地和手机号，这里签名，再这里签名，还要扫描目的地省份的健康码，以便到达以后出示绿色截图。在昭通机场大厅里，我们几位旅客重复着北京机场的检测，倒也并不麻烦，顺利通过。可是不料，到达以后隔天，有个陌生电话追来，"根据昭通市'新冠'疫情防控指挥部办公室 2020 年 7 月 17 日下达的任务要求，昭阳区疾病预防控制中心于 2020 年 7 月 17 日对北京返昭人员某某、某某某、某某某进行标本采集并送至昭通市疾病预防控制中心进行新型冠状病毒核酸检测。"于是，我重新戴上已经一天没有戴过的口罩，在昭阳经历了第一次核酸检测。疾病防控中心的这处传染病采集点没见牌子，错觉是在一栋居民楼里临时设立的。楼内楼外空空如也，一张深棕色破旧办公桌和一只淡粉色塑料椅子紧靠门口摆在里侧。只有一位样本采集人员，好像男的，全身上下一次性蓝色防护帽和防护服，一次性蓝色口罩和箍在头上的透明面罩，他示意我坐到那把粉色的椅子上。检测棒拆开，让我张嘴发出一个长声"啊"，检测棒探到嗓子眼里轻轻迅速地扫一圈，起身走人。目前，我们这犹如 4S 店"车辆召回"的检测，还未涉及费用，估计是国家承担了。由此可见，核酸检测对于那些平时跨省异地跑来跑去的人，已是家常便饭。我甚至想到，长此以往下去，这会不会成为今后旅行中一项必不可少的频繁开销。也许，未来的核酸检测会像高速公路收费站 ETC 那样便利的。

昭通到了。昭通是滇东北的一个地级市，秦汉时期它就已经是中原文化进入云南的重要门户，也是中国南方对外交通的古道要冲，更是滇、川、黔经济文化的交汇点。如今昭通下辖一个昭阳区和十个县，有六百万人民居住在这片两万多平方公里的地面上。他们此刻安睡在我分明闻到的甜甜气息里，或者在灯光下做着什么？昭通机场小小的，走出来回头看，夜色虚化了周边，错觉是刚刚走出一个小城的火车站。据说，新机场建设已经或即将动工。接待的朋友接过我的行李装上车，先不去酒店，直接将我们驮到昭阳主城区品尝夜宵。我确实感到饿了，由于疫情原因，航空公司不再提供餐饮，数小时飞行，只给一个小面包和一小瓶水。

时间已经半夜了，昭阳的饮食街巷满眼灯红酒绿，炊烟散开，人声鼎沸。街边一个老人守着一只热热的大铁桶，我见桶面边沿摆一圈已经烤熟的成人小腿粗的白薯。问他。老人说："洋芋，烧洋芋，要不要？"当地人把"烤"说成"烧"。这个地方，洋芋就是马铃薯，就是土豆。我感到好奇的是，土豆能有这么大。这么大的土豆，能好吃？我吃土豆的经验还是曾经从西藏得来的，要捡小小的圆圆的吃，最好是那些比鸡蛋还要小些的，又香又面，太大，口感松懈有细沙。昭通盛产马铃薯，昭通的大块马铃薯无论是烧是蒸还是煮，整个的，切片的，都有我在西藏吃到的小土豆的美味口感。地方海拔落差三千好几百米，小高原暖温带与亚热带并存，土壤肥沃，日照充足，昼夜温差大，这些不仅利于优质品种的马铃薯生长，还利于地方特产天麻的生长，昭阳小城里里外外遍布果园，空气中香甜的气味，原来都是苹果的呼吸。

昭阳真可谓一座苹果之城。苹果的成熟分为早中晚三期，晚熟的苹果挂霜披雪香脆糖化。我能想象，无论早中晚，每当苹果熟了的时候，再过一个月，到八九月中熟果下来，全国各地，远至黑龙江的两千多商人就会云集昭阳城周边的农庄小镇，他们与果园主人商议着价格，所有人的面孔都被高原烈日着色，如同一条条葡萄藤蔓一般粗细的枝丫上红色的累累硕果。一挂挂加长的厢式货车拥挤着，单单洒渔镇中国西南最大的苹果交易中心，每天就要运出近三千吨果实，还有不少外销到越南、泰国、新加坡和澳大利亚。那个日子，那些日子，这里的空气该多么甜呢？

昭阳夜宵主要吃烤串，烤串的"烤"，就是烤，不说成"烧"。同样是架在木炭煤炭或点燃牛粪的铁箅子上，烧洋芋、烧苞谷，才是"烧"。羊肉串、牛肉串、洋芋串、牛筋串，都是"烤"。这里羊肉多为山羊。

龙泉路、凤霞路、迎丰路、海楼路、团结路、望海路、彝族六祖文化广场、乌蒙古镇、趣马门、罗炳辉广场、乾秦楼、济川门、姜亮夫故居、抚镇门、毛货街清真寺、江山大酒店、凤凰山、龙云的"龙氏家祠"……昭阳主城区一两天可逛不完。

北顺城街、二甲街、东正街、崇义街、永胜街、集贤街、文昌街、建国街、德育街、云兴街、巩固街、怀远街、文渊街、启文街……昭通老城一扇扇木门里的遗迹里，悠悠散发着往昔焚香之气。窗户缝隙里，泄漏出蔼蔼跳动的烛火和孩童弱弱的朗读。我听到穿透空气那个广场上空滇军的誓师呐喊，他们即将北上抗日赴死疆场。我这是凝固在一个久远的生活里吗？

烧洋芋、烧苞谷、荞粑粑、花粑粑、黄糍粑、烟熏肉、酸辣面、汽锅鸡、煲汤里的笋子和天麻、酸鱼、豆花溜鸡、糯米粑粑、苞谷粑、熨斗粑、魔芋粉、荞凉粉、豌豆粉、金沙江鱼片、蹄花米线、麻辣牛肉、杂酱米线、牛肉米线……流口水，不能再写下去了，口水止不住流。

我在昭阳走走停停待了三天半。我参观了全国最大的易地扶贫搬迁安置点靖安新区、永丰海升苹果庄园、洒渔镇苹果基地、靖安镇西魁马铃薯基地、昭通老城、姜亮夫故居、龙氏家祠，还去了正在建设中的昭通书院和昭通文学艺术家创作中心，走到了世界彝都景区、名樱庄园、省耕国学文化公园、昭璞绿道酒房驿站、大山包国家公园，还到昭通旅游投资开发有限公司做客。我在昭阳行色匆匆，临离开的半天，与当地的文学同行座谈交流。夏天敏、胡性能、潘灵、沈洋、吕亚平、刘平勇、周远清、杨云彪、曹斌、伍世云、陈允想、高洁、沈力、严格……这些作家全都出自昭通城镇乡村，他们当中有我二十多年近三十年的老朋友，他们当中许多人今天依然生活在中国西南大山褶皱深谷和高地平坝的这座以"苹果"命名的小城里。世界上还有哪座城市可称之为"苹果之城"呢？我只知道哈萨克斯坦共和国原先的首都阿拉木图是以"苹果"命名的，哈萨克语"阿拉木图"就是"苹果之城"，昭阳也是地球上的一座"苹果之城"。

深夜近三点钟了，为了贪婪呼吸这"苹果之城"香甜的空气，酒店里我将二十一层的换气窗敞开着，时时听到远近传来的狗叫。楼下大街的车流早已静止，可是还有年轻人此起彼伏如同对歌一般的高声清唱。早晨不到七点，拉开帘幕，落地大窗看出去，远山已经被阳光涂亮。看不见，只能听到，从那些高低错落的楼群夹缝中，越过一处闲置的土地，越过阔大的驻有十几辆拖挂房车和自行房车的停车场，在一条细小河流的两岸，在千百亩果园的绿茵之上，空气受到震荡，突然响起建筑工地脚手架木板、钢管一片片、一根根砸落地面和相互叠压撞击的响动。我在昭阳的四个晚上四个早上，都有一样的感受，总觉得这个小城他是一位潇洒自如的壮汉，夜里唱歌饮酒，忘记归家，只在果园里沉睡四个小时，天一亮，他就爬起来干活了。

大　　　山　　　包

大山包

位于昭通市西部，距城区 79 公里。

海拔 3100—3140 米，年平均气温 6.2℃。

国家一级保护动物——黑颈鹤的越冬栖息地，为国内外的科技工作者、摄影家所熟知。

滇东北五莲峰山脉，大山包是其主峰。

滇东北，雄狮大峡谷

于坚

　　七十多公里的泥巴路尽头，就是大山包乡。它藏在那些大山包中间。看见过路上的那些美丽山村，我想象里的大山包乡也就是那样了。到了，才发现不是，这是一个水泥和钢筋做的乡，平庸，坚固，实用，得意扬扬。使它领导的那些村庄为它们落后的茅草屋暗暗自卑着，在这些水泥盒子的领导下，塞尚、老巴的那些村子自然会消失掉。意识到这一点，我心里不太舒服，但也不能说什么。我无法对那些在茅草屋里啃烧洋芋的穷人讲什么法国的印象派。这是艺术和文学永远的一个虚伪，永远的荒谬。因为目的不一样，生活是实用的，而诗人绝不可以这样看世界。所以我知道，世界在骨子里永远不会喜欢我们。我们也别骂它，把它可怜的美说出来就行，让那些美丽的茅草屋天堂存在于纸上，就行了吧。我们住在乡政府的招待所，那里好找，是此地最高的一栋楼。乡上有三个小饭馆，其中一个饭馆味道特别好，老板娘从当地农民那里收购来火腿，煮熟切成大片，肉色有红白蓝紫黄五层，美而爽口。饭厅同时也兼为仓库，因此我们周围堆着一袋袋大米、面粉，还有火腿、盐巴、香油等。窗子很矮，屋子也很矮，像老母鸡似的孵着我们，屋子中间生着火炉，暖融融的，我们大块吃肉，小口饮酒。饭有蒸苞谷面，蒸荞面，掺着大米饭吃，好吃得不得了啊。趁我们破口大吃的时候，天在外面悄悄地黑了。马云好动，吃下去一碗人就不见了，到黑暗里面干什么去了。过了很久，他大喊着跑回来，下雪了！外面！下雪了！我们不信，刚刚还看见满天星星，多得像糖果，还有些盛不住，掉了下来。老板娘说，是呢，我们这个地方的天气就是这种，一下晴一下雪。刚说罢，一阵响雷滚过屋顶，电灯灭了，又是一阵雷，屋内闪过一串蓝光，都摸着到门外去看，那个冷，寒气呛到肺叶深处。外面的雪已经下了厚厚一层，到鞋面了，还夹杂着冰雹。赶紧关了门，回到火炉旁边，在雷声中，闪电的光一亮一亮的，好像是在《呼啸山庄》的庄园中。没有人说话，都在想自己的事。雪根本不停，已经可以把整个脚陷进去了。走啦，不然回不去啦，大猪显然有些害怕，大家就听他的，深深浅浅地在雪地上，冒着寒风、雪花和冰雹，摸回招待所去了。可以住二十多人的招待所只住着我们六个人，每个人拿上两床被子，严严实实地裹起来，立刻睡着了。

　　第二天醒过来，穿着短裤就开门去看外面，白茫茫一片真干净，而天是蓝的。雪有小腿那么深。还去不去大峡谷呢？大猪支支吾吾，和成说可能太危险啦。只有老顾和我坚决要去。我说，我们往那个方向走，照照相，也看看路，如果不好走，就回来。大家都同意，就朝峡谷那边走。太阳升起来了，并且立即就强烈无比，我们走在雪地上，像是走在北极。走了半个小时，大猪嚷嚷起来，回去啦，回去啦，我眼睛要瞎啦。我根本不想回去，我一定要去看那个峡谷。就说，你要回去自己去。老顾说，已经走了三分之一了，再坚持一下。雪很快就化完了。我根本不相信今天雪会化完，这么厚，到小腿，每一脚下去，鞋都会被雪埋掉。大猪只好跟着走了。但老顾说得很对，又走了大约一个小时后，土壤已经隐约可见了。后面开过来一台拖拉机，就请求师傅带我们一段，上来嘛，我们立即飞驰起来。师傅说，他是来搬家的。搬到哪里去，江城。哦呀，那么远。原来大包山乡已经被划为国家的黑颈鹤自然保护区，政府要分批把这里的居民迁移出去。黑颈鹤喜欢这里，而住在这里的人生存起来却非常不容易，这里不是鱼米之乡，人均年收入才650元。又是那个问题，美丽的地方，不一定就是生活丰富的地方，往往在那些好风景中，居民却在为生存而艰苦挣扎，例如非洲，例如西藏。诗人喜欢荒凉原始的风景，而这风景之所以荒凉，因为对于世俗生活，它们完全无用。诗人歌吟的风景画，住在那里的人们却恨得咬牙切齿。在昆明，搞摄影的家伙们无不梦想拍摄到黑颈鹤，而在当地，农民却恨透了它们，他们把它叫作小偷，当它们回来的时候，这高原就要遭受一场浩劫。那些贼鸟偷吃正在灌浆的玉米，偷吃水库里的鱼，吃得凶猛无比，胃口奇大。而农民毫无办法，它们受到法律的保护。甚至，人们还要为它们做出最悲壮的牺牲。为了保护黑颈鹤，这土地世代居住的人们要迁移到另外一个地方去，他们高尚地理解政府，政府也为他们选择了更富裕的生存地。但背井离乡永远是惨痛的，而且是在七十岁的时候！在拖拉机停下来的时候，我看到一个空掉的村子，一个七十多岁的老者，坐在几个包袱上，那就是他一辈子的财产，价值不过百把块人民币。

我很怀疑，一路上的地理环境看起来根本没有任何峡谷的迹象。雪已经化到只是斑斑点点的了，那些浑圆的山包一个个从雪里钻出来，因为潮湿了，颜色更深沉。老顾说，走嘛，跟着我走嘛！就要到啦。山包消失了，出现了一片草滩，后面是一个湖，许多绵羊在草滩上吃草，这里的羊太好看了，样子非常善良天真，是羊里面的农民。牧羊人披着羊毛毡子，像耶稣的使徒之一站在羊群中间。大猪贼一样猫腰跟着羊群，想偷拍到牧羊人电影明星般的表情，羊立即发现了这个怪物，不再吃草，小跑起来。牧羊人把脸转过去，望着远处的山包，大猪毫无办法。经过了湖之后，又走上了一片高原，这里的土地没有开垦，荒草萋萋，到处是黑色的碎石。前面突然出现了几块大石头，犹如巨人被砍下来的脑袋，孤零零地放在高原上，上面是深邃的天空。这么大的石头突然出现一定是自然界发生过事情，我感觉到某种东西就在附近了。一路上，我不断地听见世界在窃窃私语。山岗上的草在窃窃私语，溪流在窃窃私语，羊群和马群在窃窃私语，风在窃窃私语，小路上的碎石在窃窃私语，马云的鞋在窃窃私语，大猪和李曙在后面窃窃私语，白云在天空上窃窃私语。我的耳朵不好，听见的世界总是隔着一层，给我窃窃私语的感觉。现在，窃窃私语突然停止了，似乎整个世界像小学生那样竖起了耳朵，都听见了什么，只有我听不见。我继续走，老顾大喊起来，慢点，危险呀！我忽然就看见，大地在我前面不到五米的地方消失了，我已经站在摩天大楼的边缘，脚底下是笔直的绝壁，我双腿一软，就趴在地上。我们全都趴在地面上，像蚂蟥一样紧紧地吸附着，蜗牛似的向前移动，移到边上上，浑身酥软，不敢说话。我前面是一个雄伟无比的峡谷群，这是我此生见到的最壮丽的风景。没有比它更壮丽的了。在那边，大地断裂，露出一排排阴森森的肋巴骨，蓝色的云烟在其间环绕。一边是层层叠叠的悬崖绝壁，另一边则是在下面重新展开去的大地，苍苍莽莽，其间隐约可见一条河，像一根弯曲的针在闪光。荡胸生层云，决眦入归鸟。我们沉默良久，都忘记了别人的存在。老顾最先回过神来，说，退后点慢慢看嘛，日落的时候更不得了。慢点，草滑，小心滚下去。我们爬着后退了几米，找个石头坐上去，又不说话了，说什么呢，你还要说什么呢，人啊，在这伟大的造物面前，你还牛啥子！我梦想过这种地方，在云南，我去过的大大小小的峡谷多了，我梦想的峡谷就是这种。天空像一个正在装卸着云的集装箱的大码头，风扛着云块从我们眼前走过，像是古代埃及的奴隶在金字塔下面干活，而我们是君临一切的法老王。人在此处确实会有帝王的感受，这是一个最适合胸怀大志的人培养浩然之气的地方。阳光在忙着调节大峡谷中的光线，忽暗忽明，云的巨蹼踏过一个个山头，留下阴暗的脚印，立即消失，山头又一个一个亮起来。云永远不甘心，它的野心是遮蔽大地上的一切，再次带领千军万马涌来，又变成了散兵游勇。峡谷一阵子是森蓝色，一阵子是黑灰色，一阵子是金黄色的，辉煌如大英雄一生的赫赫功业。但我看出它的本色是很朴素的棕黄色，还有些红色的锈迹。这峡谷群就像一头被分裂了的雄狮，它的黑色眼眶深陷在石头中，它带血的牙齿布满峭壁。它的身子伏卧着，成为起伏的山脊。它的脚爪垂直而下，支撑着一片巨大的高原。狰狞的鬃毛形成了绝壁上的花纹。那空气和狮子有关，雄风激荡。那岩石和狮子有关，一个巨大的肺在岩石里面的黑夜中呼吸。它使我害怕，恐怖，就像面对真正的狮子，我时时会心头一怵，一股凉气就直扑脊背，就像在一头狮子熟睡的时候，凑近去看它随时会狰狞起来的脸。我感受到狮子的一切，我并没有分裂，我的感觉强烈而完整。我问老顾，这里当地人叫什么？老顾说，叫鸡公山。他说的是就在我们立足的这块高原下面的一座尖峭的小山，那山看的出来是地质运动时代从我们这边的高原分裂、垮下去的。老顾说，如果下到下面的牛栏江那里，看这个山，它就像一只大公鸡。我说，能不能下去？老顾说，下去倒是有路，不过你不敢。那路几乎是垂直的，死在路上的人多了，当年龙云就是从下面出来到昆明去的，他的老家就在下面。他就是从这里爬上来，成了云南王的。后来我就看见小路上冒出一颗黑乎乎的头来，接着又是一颗，又是一颗，原来是住在峡谷下面的农民，他们背着土豆、火腿什么的，要去赶明天开始的大山包乡的街子。

老乡说，从下面上到这里要走四个钟头，而且你不能歇，路太陡了，没有坐的地方，也不得回头看，看一眼就掉下去。我再次周身发软，幸好我不想打天下，也不想当云南王，不然嘛，这种路非得走一趟不可。

落日时分，峡谷在平庸的灿烂后暗下来，犹如上演悲剧的舞台落下灰色的帷幕。老顾指着天边边上的那些波浪般的群山说，那边是四川的凉山，彝族在的地方。我默默地看着远处，一个伟大的民族在那里生活，繁殖，创造文明，但看不出丝毫的踪迹，一只乌鸦从那边飞过来，越过了我们的头顶。我发现，在这里我总觉得雄伟的峡谷中响着歌剧的声音。是伟大的帕瓦罗蒂还是女神萨瑟兰？或者是科隆教堂的唱诗班？我说不清楚。这是一处在西方式的美学中会被大加推崇的风景。壮丽、悲剧感、英雄气质、史诗，等等。我对老顾说，这个峡谷应该叫"雄狮大峡谷"。老顾说："以前我来过好多次，都不知道有这里，只知道这里叫鸡公山，后来是一个娃娃说，我带你去那边玩，我天天在那里放马。我就跟着来，那天太吓着我啦，昭通还有这种地方，我从来没有听哪个说过，那些来这边拍黑颈鹤的也认不得有这里啊！后来有个美国人来，说这里比那个科罗拉多大峡谷吗，牛多了，也是吓得要死。"龙云是从这里出来的，但从未听他说过家乡是这样的一个地方，恐怕也就是说过路比较难走。我一直以为他的老家不过是种着些土豆、南瓜，腌着几只火腿，飘着些云彩。在关于昭通的书籍中，这个地方从未被提及，鸡公山，只是说了一下海拔，名称只令人想到一座像山的鸡。我细想了一下，这是很正常的，中国近代以来的美感并不太注意这种过分阳刚气质的风景，不喜欢这种危险、坚硬、无遮无挡、一览无遗的地方。中国人不喜欢歌剧、悲剧，就像苏州庭园里的怪石，扔在科罗拉多大峡谷里面，那些游客恐怕也是麻木不仁。高山流水，但

大山包

中国人喜欢的角度是高山仰止，是在下面，在中国画里面看山的人都是在山下、林中，很少有站在光秃秃的山头上的。鸡公山作为风景，是在下面才有名，在顶上，人们不认为有什么风景，所以从来不注意，有些农民过来放放马而已。老顾说，这个大峡谷如要看的话，可以走几十公里，比这里雄伟的地方多的是，只是没有路，太危险了。这些风景存在了无数年代，从来没有人大惊小怪。我们这些文化人对着它长吁短叹，其实不是当地人身在宝山不识宝，而是我们自己害着文化病，在 20 世纪，西方人看世界的眼光已经悄悄地影响了文化人。文化人看风景已经不满足于茂林修竹、明月清风、烟寒柳斜、奇洞怪石这些修身养性的东西，他们要看恐怖、怪诞、害怕、大起大落的东西了，这是受了革命的影响。这个大峡谷，我一直是在惊心动魄中看的，一直在害怕，在提心吊胆，一点也不休闲，离开以后立即感到累得要死，神经绷得太紧了，晚上还梦见自己在这个峡谷里一直掉下去，但落不到底。但这也很难说，唐代的中国人似乎并不害怕这种风景，也喜欢大气雄浑、阳刚壮观的东西，李白不是有诗吗？"登高壮观天地间，大江茫茫去不还。"中国美学到鸦片战争时代已经完全没有了这种真气、大气，那么现在是不是重新采气的时代？我还得好好想想。我内心是非常喜欢这个峡谷的，虽然害怕，但在某一瞬，我觉得我灵魂世界又开了一道大门，雄风涌进来，什么是天地精神，什么是浩然之气，我又有所觉悟。我感觉到李白脱口而出"登高壮观天地间"时的那种豪气、激动。我本来想找个搞旅游的朋友讲讲这个地方的开发价值，后来想想，算啦，那些游客来到这里，看见这些荒凉的石头，满脑子是梅花、松树之类的构图，又害怕着滚下去，到处找风景，在哪里，在哪里，怎么什么也没有啊，来看这个大山沟干什么？失望恍惚之间，真的就有几个胖的滚下去怎么办？说不定某个搞旅游的傻瓜还嫌这里不够高，夸张到把那些巨人脑袋般的大石头一个个炸掉，修个瞭望塔在上面，手可摘星辰，那就玩完。

黑夜在峡谷里集结，并且马上就要出动了。我们往回走。我对马云和老顾说，谢谢领我来这个地方。我们再次回头去看，那里只有天空、高原和被谁放出来的野兽般的乌云，没有什么峡谷。

大山包

大阳窝

沈洋

在海拔三千多米的大山包顶上，浑然绵延的山峦闪了几道曲曲弯弯的弧线，让出了一个俨然水乡一般的小小坝子。坐落在坝子最南端的小镇大羊窝，当地人也叫"大阳窝"。对名字的来历，我没有做过仔细考究，但这个小镇常年艳阳高照，即使周边群山浓雾笼罩，小镇也清晰端坐，一地阳光，这是事实。因四川凉山州进入云南途经大阳窝，这儿也可算作是川滇通道上的一个重镇要塞，可谓大山包的心脏。

坝子不大，约五公里长，一公里宽，呈南北走向，四周的山平缓起伏，如一个个巨大的蒙古包，山上少树，覆盖了草甸，春夏之季苍翠碧绿，野花齐放，生机盎然，秋冬之季一派枯黄，莽莽苍苍，雄浑悲壮。一条河流发源于大山包南部，浩浩荡荡穿过大阳窝小镇沿小小坝子顺流而下注入金沙江。大阳窝便在一瞬之间有了灵气。大山包的水清亮至极，被称作竹根水，大山包人用上几十年的烧水壶底部是从不会有水垢的，那水冬暖夏凉，甘爽宜人，下游一家公司用这水酿造的"竹根荞"酒还曾在一次全国的博览会上捧回了金奖。

村庄依山而筑，临水而居，20 世纪八九十年代至 21 世纪初，当地民居大都是大山包人祖祖辈辈居住的草房，墙是土墙，夯得结实，宽敞，高大。楼枕多为松木，浑圆粗壮，上面用细竹棍编成竹楼笆，踩上去发出吱吱嘎嘎的声响。顶上盖了"人"字形的草盖子，那草是大山包土地上生长的燕麦割去麦穗后剩下的麦桩，结结实实一层压一层密密匝匝地压在一起，用木拍子拍得齐齐整整，如给房子戴上了一顶巨大的、厚实而暖和的草帽。

临街的房子多为砖混结构的洋房和土木结构的瓦房，修得气派、洋气，与水泥地面的街道相映成趣，与依山而筑的草房形成鲜明对比，形成了一幅现代文明产物与古老朴素村落相互交融的风俗画。

尽管居住的房屋不同，这些房子的主人却是一样的，那就是质朴与善良、豪放与粗犷，对山外世界充满向往和憧憬。

依山而居的人家多为大阳窝的土著居民，他们热爱着大阳窝的河流、土地和阳光，世世代代繁衍生息，不舍离开。他们的家里养了鸡、猪、羊、牛、马等可以给家庭带来兴旺的禽畜，地里种了苦荞、燕麦、洋芋等可以让他们充饥的粮食。他们的楼枕上大多在冬腊月间挂满了刚腌制好的猪肉，那是他们一年的油荤。临街而居的大多是大山包境内大阳窝的朝圣者，在大山包192平方公里土地上唯一的一个集镇上热闹的人群。琳琅的商品，丰富的文化吸引着这些散居在大山包各个山坳里小小村落中不安于现状的人，这些人便借改革春风拖家带口举家迁往大阳窝镇上，或买了房子或租下铺面，或开饭店、旅馆、商店，或卖豆腐、卖凉粉做起了小本生意，构成了大山包一道独特的风景。

赶集，是大阳窝最为热闹的日子。山民们压抑了许久的激情在这一天终于得以释放。四面八方小路上拥来了赶集的山民，他们拖男挈女，或牵马赶牛，或背上洋芋荞麦，或肩扛一摞竹篓，这些即将上市交易的商品成了山民们心中最大的梦想和追求。街两旁一大早就摆出了各种商品，有从城里进来的，有本地的土特产，真可谓应有尽有。街上的人大多披着羊毛披毡，摩肩接踵，拥挤不堪，整个小街成了一条流动的人河。人们或席地而坐，品酒高谈，或穿梭来往，讨价还价。

日落西山，小街又归于平静，满街的赶集人又消失在一条条射向四面八方的山道上。人们又期待着下一个集日。

大阳窝在大山包顶上，距昭通市城区达82公里，尽管山遥路远，却也不觉闭塞，龙云、卢汉的故乡炎山、田坝两乡和金沙江对面的凉山州出入昭通古城必经大山包，因而每日从大阳窝小镇经过的大小车辆无数，各种关于城市的新鲜消息也便随着这些车辆的出入而传到了大阳窝，成为人们一时间谈论的热门话题。他们常常因这些信息的好坏而随之忧愁和快乐，大笑和哭泣。外界的每一根神经似乎都是连接着大阳窝的每一个山民的。这里也能看到电视，收到报纸和信件，近年来，一样有了4G网络，因而大阳窝的山民们也同样会为申奥成功、神十飞天而激动和欢呼。

到大山包旅游观黑颈鹤的游客常常居住在大阳窝临水而居的小旅馆里，睡的是大山包特有的羊毛毡子垫底的干爽舒适的铺，吃的是大阳窝特有的荞疙瘩饭、燕麦炒面、烟熏火腿和陈年腊肉，当然少不了洋芋这样老少皆宜的美食。因而，千里迢迢来到大阳窝的贵客们一住下来就不想走了。他们总是喜欢和这里的汉子们大碗喝着烈酒开怀大笑，无所不谈。

外来客人逐年增多，大阳窝的山民们也学到了很多以前没有的东西，知道了以前不懂的许多疑问。山民们对这些游客、摄影爱好者、科考旅游者总是充满了敬意，这些大抵就是他们心中的文化人的形象了，他们会拿出家里最好的荞面做成荞粑粑让你品尝，会用最好的燕麦做成炒面赠你，会送最大最香的烧洋芋让你享受。他们以结识了这样一群知书达理的文化人而骄傲和自豪。山民们常常把这种自豪转化成对子女读书的期望，他们开始源源不断地送子女进城读书。这些被大山禁锢了几代的山民们充分发挥了他们的想象力，去描摹外面的精彩世界，他们不指望子女以后都能升官发财，但他们却期待着子女多读一点书，成为一个比自己有本事的文化人。于是，大阳窝的山民种地更卖力了，做小本生意更辛苦了，一角两角、一元两元的票子从这个山民的手里转到了那个山民的手里，都染了厚厚的一层油腻，最终才转到了城里，转到了大阳窝走出来的学生们手里。

大阳窝在时光的温润里是更加有韵味了。

经过几代人的梳妆打扮，今日之大阳窝，已然变了模样。当你站在大山包之巅，目光漫过那一片广袤的高山草甸，你会看到秀长的坝子里有一条河流，河水清澈，似一条银丝带飘在坝子的中央，这河，当地人叫羊窝河，也正是这条河，让海拔三千多米的高原有了生机，增了灵气，正是这条河，滋润着当地人民，给他们带来了满满的幸运。河的两岸，一栋栋崭新的小洋楼拔地而起，错落有致，土黄的外墙色调与当地黄土相辉映，与蓝天白云和青山绿水相得益彰。走进小镇，每一栋风格统一的欧式建筑，大多两三层高，每一层都有一个别致的露台，暗红色的仿古木护栏，土黄的暖色墙体，给人以油画般的温暖。纵横交错的街区，街间哗哗流淌的溪流，还有那一蓬蓬青葱的翠竹，一株株散发清香的桂花，一棵棵挺拔的雪松，以及那些知名和不知名的花草树木，使得这个小镇充满了浪漫情调。还有那些时尚主题酒店、酒吧、KTV、美发屋、咖啡屋等，无不给这个高原上的清新小镇注入流行元素和现代气息。

随着农村集体经济的复苏和兴起，当地发挥大山包种植洋芋得天独厚的优势，大力发展青薯9号等薯种种植。洋芋，再度成为大山包人的致富种、幸福种，全镇五个村都有了自己的洋芋种植合作社，镇里还成立了联合社。在开展"自强、诚信、感恩"教育活动中，谈到如何带领群众通过扶贫扶智实现"自强"时，我建议大山包洋芋得有自己的品牌。一拍脑袋，觉得"大阳窝"这个名字最好，并得到了镇党委书记孙荣先生的赞许。于是，"大阳窝"这个品牌成功注册，落地生根。为了提升品牌的影响力和知名度，让其真正成为当地农民群众脱贫致富的金品牌，我又登门拜访鲁迅文学奖获得者、著名作家、以大山包扶贫为题材的中篇小说《好大一对羊》作者夏天敏先生。当我讲明要请他老人家为"大阳窝"品牌题写商标名时，一向有着深厚人文情怀的夏老师二话没说，欣然答应，激情挥毫，为大山包洋芋种植合作社的商标亲笔题字，令人感佩。我还请昭阳融媒体的李洁小朋友为"大阳窝"品牌设计了极富创意的logo 和精美雅致的包装，看着就忍不住想"买买买"。

大阳窝洋芋，最好吃的洋芋。

大阳窝洋芋，最适合做种的洋芋。

高山产，无污染，绵悠悠，面乎乎！

这三句话是我为故乡"大阳窝"洋芋想出的广告词，有媒体朋友建议，大阳窝洋芋还有一个最重要的特点，叫香喷喷。

事实上，大阳窝洋芋早已香飘万家。

天降细碎的钻石洒落人间

龙冬

　　这一天，我早早起来，精神尤其好，因为要去心仪已久的大山包游览。

　　昭通地处云贵高原山地。昭阳小城周边都是大山，主城区占据了山间一处广大的平坝。位于昭阳西北方向的大山包国家自然保护区距离城区近八十公里，它是中国版图的重要湿地，是高原湿地濒危动物黑颈鹤的越冬栖息地，它还被"国际翼装飞行世界杯协会组织"评定为"世界最高公路直达跳点翼装飞行场地"。当地正在加紧科学规划，在保护自然环境的前提下，未来不久，大山包或将建成亚洲唯一的"国际翼装飞行赛事基地"。翼装飞行就是那种戴着头盔和夸张的护目镜，穿着宽袖与衣裤相连的服装，从落差巨大的悬崖峭壁的山顶往下跳的运动。人像一只蝙蝠，可是在飞翔的曲线里又宛若一只山鹰悠然翱翔。据说中国今天从事这个运动的专业人员还不足十位。

　　车子出城不久，沿林荫山路盘旋往上，渐渐地有浓雾扑面而来。再往上，树木稀落，云在下方。直到完全不见树木，我们已经行驶在布满雾气的开阔的高山草甸，这让我想起曾经的苏格兰高地之行，远远看见一位身着花格短裙、头戴花帽的白须老者，站立在草坡上吹响凄厉的风笛。我说过的，自己的每一次旅途，都会因为某一点相似，联系起来往日的所到之处。

大山包，大山包，刚接触这个名字，总要误读成"大包山"。搞了半天，我找到了窍门，也即从地形地貌理解，就不易再错。高山林立，江河把山地侵蚀切割出深广峡谷，高原草甸间淤积着天然湿地和湖泊，假如从高空俯视，下面聚集着一个个大大小小的山包。我们此刻所在就是一个最大最高的大山包，它是滇东北五莲峰山脉的主峰，海拔大约3200米。

我站在大山包翼装飞行的2号和3号玻璃跳台往下看，左右都是直立的陡壁。云雾缭绕，鸡公山峡谷深不见底，大概相对高差也在2000米上下。浓雾中偶尔露出牛栏江的一段清流，对岸就是昭通市的巧家县乡村，只见半山腰点点白色人家。老友潘灵兄在我身边，指给我看巧家县他家山下江边的老房子，可是浓雾遮挡了视线，我们什么都看不到。我故作庄严地对他说："你是白云生处大山峡谷里走出来的作家。你是这山的儿子！"潘兄嘿嘿一笑，带我走到一处向游客兜售当地特产的村民商摊旁。我早已闻见高原牛粪饼的清香烟气，我就是如此迷恋这牛粪燃烧的味道，有人讲究闻香，我却只喜欢掰一块牛粪饼点燃放在香炉里。为了这牛粪饼的燃烧味道，我在大山包要了一个烧苞谷，头一回吃了个烧鸡蛋。小商摊上还有装在塑料袋里的燕麦炒面出售，我知道的，这个是好东西，它其实和我对牛粪饼的熟悉程度一样，就是西藏传统的主食糌粑。并且在大山包这里，炒面食用也有攥成团团的，与藏人吃糌粑的方式大致相同。

说到翼装飞行这类西方人惊险刺激的时髦户外运动，包括高山滑雪垂降、攀岩、山地摩托垂降，我又会联想到大本营或周边精致舒适的温暖旅舍，有咖啡、烤肠、酱肘子和美酒、烟草、雪茄。我还不能想象自己正在体验的烧苞谷、烧洋芋、烧鸡蛋的牛粪饼的炊烟。我眼前的村妇裹着红绿头巾，把自己脸面遮得严严实实，她们只露出一小半面孔。有过多年青藏高原生活体验的我，到现在还不能解释，为什么昭阳的大山包时而笼罩在云雾中，薄薄的阳光却产生出这般强烈的紫外线照射，以致阳光下站一会会，当天晚上整个脸面通红发热，严重的过后几天就要撕脱一层皮子。当地朋友事先提醒过，可是我因曾经的高原经验轻视了。现在，我一边写这个，一边扒拉掉颧骨和鼻梁上的脱皮。我唯一的念头，就是未来大山包自然景区里还能见到牛羊成群，见到奔跑跳跃的乡村孩子吗？还能再吃到红绿头巾里的村妇手下快速翻转的牛粪饼、烧苞谷和烧洋芋吗？我希望这些不要完全消失，更不要改变模样。自然保护区的旅游利用，还有贫困地区人口的易地搬迁，都存在着环境保护、文化保留、心理承受与建设发展的不可避免的大小矛盾。总是有办法的，只要珍惜，只要细心，总是有办法解决的。

跟我来，再看看大山包吧。群山峭壁，神奇壮美，牛栏江与金沙江在此交汇。据说这里四季都有可观的景色，文字难以描述，所以吸引着许多摄影家跑来跑去激动地接连不断按下快门。这天因为大雾弥漫，我没有看到那座独立的险峻的鸡公山的雄姿，难免留下一点遗憾。

返程途中，我打了一个盹儿。电话接到核酸检测结果反馈，并且发来检测报告的图片，昨天我们的样本咽拭子呈现"新冠病毒阴性"，我们几个来自北京的肉身没有携带新冠病毒，皆大欢喜。这时，车子越过最后一道山梁，西方遥远天际残留着浅浅的紫色。正前方，我眼前低沉的坝子上涌动着一片广袤灯海，如同天降细碎的钻石洒落人间，它们每一颗的菱形切面全都闪烁着五彩光斑，透明耀眼。

　　这浩瀚乌蒙山地平坝之上的光明小城，昭阳的一天就要过去了。

我看到了大山包的全部

吴佳骏

　　我怀疑是天气太冷的缘故，把血管一样的盘山公路冻得痉挛。公路一痉挛，车就开始颠簸。车一颠簸，车上坐着的人就开始紧张。或许是自我安慰吧，有人唱起了歌，但那歌声分明也是紧张的，像是谁在歌者的喉咙里放了辣椒酱。如此一来，车反而颠簸得越加厉害了，像一只被歌声吓丢了魂的羊。它使劲一抖，竟把歌声和紧张同时抛出了车窗之外。于是乎，车内便只剩了静寂，和静寂包裹着的更大的静寂。

　　静寂是必要的。唯有静寂之人，才有资格去大山包朝圣。

　　越往上走，雾越大，形成一张天然的白纱巾，将大山包整个罩住。我很想亲手掀开纱巾，偷偷地瞅一瞅大山包的样子。但我伸了几次手，都缩了回来。我怕这一轻佻的行为，会触犯山神，遭受惩罚。我的欲望和贪婪太泛滥了，我必须学会控制。在这仙境之地，我只想做一个谦卑的人。像地上的一根草那么谦卑，一块石头那么谦卑。草和石头，是大山包的胡须和骨骼。我从它的胡须上，看到了岁月浸染的风霜；又从它的骨骼上，看到了时间雕刻的密码。这两样东西，都深深地震撼了我。

我静静地在大山包走着，像一朵云在天空中走着。那一刻，我第一次感觉到自己有了高度。我想飞，但寒冷阻止了我。寒冷有时是另一种温暖。因为，它会提醒那些如我一样的幻梦者，你一旦起飞，就有可能成为雕塑，成为向寒冷献祭的礼物。所以，如果你既没有翼装飞行者那样的翅膀，又没有他们那样的胆量，那就老老实实地在地上行走好了。飞翔和行走，都是活着的形态。飞翔有飞翔的美，行走有行走的美。无论你选择哪种方式生活，目的都是为了自由——生命的自由。

　　在通往大山包制高点的路旁，我遇见一个卖烤土豆和烤鸡蛋的老妇人。她身披一件麻布缝制的寒衣，面孔被冻得通红，嘴唇瑟瑟发抖。但她就那么坐着，仿佛一个打坐念经的人。从她身旁走过，我听到一种骨折的声音，从她体内发出。她常年生存于高寒地带，经受风雨的洗礼和太阳的炙烤。她用一生的时光，来替大山包的一瞬间作证。这种生命的顽强和坚韧，使我欲哭无泪。忽然间，我觉得这个老妪是上帝专门派来大山包替朝圣者示法的。这样想着，我心里顿时升起对老人的敬意。于是，当我再次回眸凝望她时，我耳朵听到的，就不再是骨折的声音，而是一种经幡飘动的声音。

　　那声音随着雾气越飘越远，后来又完全化成了雾，雾又变成颗粒。那每一滴颗粒，都是水死去后的"舍利子"，围绕着大山包在转经。我站在山顶上，凭栏远眺，试图看清山的远方。但雾实在太浓了，我的目光被乳白和圣洁给挡了回来。

　　我回转身，用衣角擦去眼镜片上的水雾。这时，我隐约看见有几个裹着头巾的妇女牵着马在山的对面站着。我走过去，那些马一律低着头。起初，我以为它们是害羞。待走近些，我才体察到马那表情里的疲惫和眼眶里的泪水。马的泪，也是大山包的泪。我掏出手机，拍了几张照片。我要把这高寒地带的英雄形象带走，顺便把英雄背后的疼痛和温暖一并收藏。那几个牵马的妇女，一见到我就大声嚷嚷：骑马吗？便宜嘞。我极力摆手，自顾朝前走着，她们仍跟着我纠缠不休。马照旧低着头，看着脚下的路，以及路上的马蹄印。那些凌乱的蹄印，酷似一把把被光阴磨变了形的月牙刀，割着大山包的皮肉。马每走一步，大山包就会发出疼痛的呻吟。而那每匹马精瘦的背上，都驮着一个移动的"大山包"。

我再一次感觉到寒冷，被美刺伤的寒冷。我努力要摆脱牵马人的纠缠，像马要努力摆脱被缰绳套住的厄运。瞬间，我跟那些马匹结成了兄弟。我们共同流浪在这高寒地带。我们都被时间流放了。我们走过了昨天，到达了今天，并正在走向明天。大山包只不过是我们流浪途中的一个驿站。

既然是驿站，那就不要多做停留，前方的路还远着呢。我开始在浓雾中四处摸索，寻找下山的路。这时候，不知从哪里跑出来一条狗，无助地望着我。我想，这个地方怎么会有狗呢？难道是它触犯了天条，被贬斥到了大山包，受困于此若干年，只为等待可以解救自己的人。像孙大圣当年被佛祖压在五指山下，等待去西天取经的唐僧那样。这条狗很有灵性，它一眼就看穿了我绝对不是它命中的唐三藏。不但不是，而且似乎还察觉到我也是一个在到处寻找高人点化之人。于是，它朝我轻吠了几声，像一个被逐出佛门的沙弥念了几声阿弥陀佛，就独自逃开了。

逃开也好，它走它的路，我走我的路。

雾丝毫没有散开。我既像是被雾裹着在走，又像是被自己的想法裹着在走。我经常被自己的想法打败，又经常被自己的想法放飞。这么说来，大山包倒成了我想法的栖息地，那我应该算是大山包的一只黑颈鹤吧。我来大山包，不是来赏景的，也不是来悟道的，而是来越冬的。尽管，这个季节并非冬季，而是初夏。可人内心的季节，谁又能说得清楚呢？有时，一个人在一天的时间里就可能历经春秋冬夏；甚至，在一个小时里也可能历经好几次四季的轮回，不是吗？

这样一想，我的心里顿时一片祥和。

返回的途中，有人不断地发出遗憾的叹息。他们说：要是没有雾就好了，也不至于啥都没看到。只有我沉默着，像沉默着的大山包。我知道，真正的交流是不需要语言的，就像真正的风景都在人的内心深处。我以沉默理解大山包，大山包同样以沉默理解我。你看，那漫天弥漫的浓雾，不就是我与大山包进行交流时涌起的纷飞的思绪吗？

也许，正是别人在大山包什么都没看到，我才因此看到了大山包的全部。

云上高原，那片水边的芳草地

胡琼

高原上，湿地湖泊，如一颗璀璨明珠。

当晚，宿在湖边的简陋民居中。

清晨，我被隔壁牛栏里的哞哞声唤醒。

晨光熹微，雾气扑面而来。那么多的水分啊，空气也因为饱含水分而变得可以触摸。

浓云低垂，远山如黛，湖面如镜，折射天光。

湖边的缓坡上，村庄静卧。

水边，是大片大片的滩涂，遍地野草野花，此时更加温润丰腴。

草丛里，无数不知名的小花在闪烁。那白的、紫的、红的花朵，像一盏盏小功率的彩灯，照耀着自己的小天地。

草地上，细水暗流，松软如沼泽，人必须择路而行，依旧免不了踉跄。

滩涂之后，是一处山弯，有些颓废的茅草屋，在晨雾里若隐若现。

我的视线里出现一匹母马和一匹小马驹。

它们在晨雾中向我走来，从容悠然。

小马偎依在妈妈的身边，形影不离。

小马调皮地甩甩尾巴。

马妈妈轻轻地蹭一蹭它的头，然后用清澈透明的眼睛凝望着自己的孩子，满是怜爱。

小马在安静地吃奶。

马妈妈不时向四周眺望，保持着一种警觉。

我静静地蹲在草地上，轻按快门，不忍打扰。

雾渐渐散去。

小马开始在妈妈身边撒欢。

水边这片芳草地愈来愈清晰，色彩愈来愈亮丽。

在水一方，蓝天终于显现出来，道路上开始有了行人与放牧的牛马。水边这片芳草地便有了大背景。

展现在我的眼前的，哪里是草地，分明是我梦中的一块大花布啊。

打扰了，梨花盛开的村庄

傅舰军

车，在高原上爬行。女人，倚在车窗上。

一座白墙青瓦的村庄，静默在满山遍野的梨花中。

女人下了车，用相机记录途中的惊喜。

面前低洼处是一片开得正猛烈的油菜花，但在漫山遍野的梨花白中，这些金色小花只能俯首称臣。油菜花被裁剪成几块可怜的金色，成了点缀。屋前屋后也有桃花，但怎敌得过那漫山遍野的梨花？

我似乎听得见油菜花、桃花的喧闹声。梨花只顾静静地开在墙头、屋顶以及屋后层层叠叠的山坡上，无言，反而显着威严。密集处枝丫交错，密不透风。稀疏处尽显孤单，大片杂色的灌木，一树瘦小的梨花，但你依旧感觉整座山都被这一树素白统治着。

这里是梨花的王国，靠静寂和素色统治的梨花的王国。

从一处狭小的篱笆缺口进入村庄，梨花便近在眼前。

一抬头，一伸手，便触到了，鼻息里有淡淡的清香。阳光从梨花的缝隙倾泻而下，花瓣通透，影子落在白墙上，好像一幅颤动的水墨。

大山包

梨花掩映下，不时有裹着红头巾绿头巾的媳妇婆婆背着大背篓走过，好奇的目光看过来，伴随笑容和脸上的高原红，灿烂而温暖。

一座小屋，几棵梨树桃树，一匹栗色的马被一个驼背老人牵过来，似乎是为了配合那个拍照的女人，终于摆好了姿势，两个陌生人之间也有了眼神的交汇。

老婆婆骑坐在自家菜园的土墙上，背着阳光，慢慢解了发髻，满头银发披散下来，泛着梨花一样的白。

看见有陌生人靠近，她顺势躲到土墙那边，只露出半个头。

两只黄狗突然蹿出来，一阵猛吠，满村的狗都呼应起来，如临大敌，但始终立在屋前梨树下，并不扑出来。

一阵惊慌后，闯入者似乎生了悔意：对不起，也许我不该进来，打扰你们了！

随处可见树荫下歇息的马和牛，却不见有一个歇息的人，大约只要过了上学的年纪，人人几乎都在干活。村里女人和她的四个孩子，不停地用手从竹篓里捧出碾碎的牛马粪，均匀地撒在一排排土坑里。

在地头，两个女人有过一段对话：

你们在种什么？

洋芋。

你们是少数民族吗？

不是，汉族。

那为什么戴头巾？

挡风。

怎么干活的都是些女人和孩子？

男人出去打工了。

梨花开了真好看！

挂了果才好看，梨子要卖钱的。

这个村子叫什么名字？

梨树坡。

外面人来得多吗？

不多。你怕是第一个。

路旁，一排高大的梨树下，少妇坐在树垛上准备给孩子喂奶。拍照的女人犹豫着举起了相机，舍不得漏掉好画面。那少妇并不躲开，依旧敞开了衣襟，一手抱了孩子，一手夹持着乳头，让小嘴含住。

一朵梨花飘落在胸前，眼前一片梨花白。

大山包

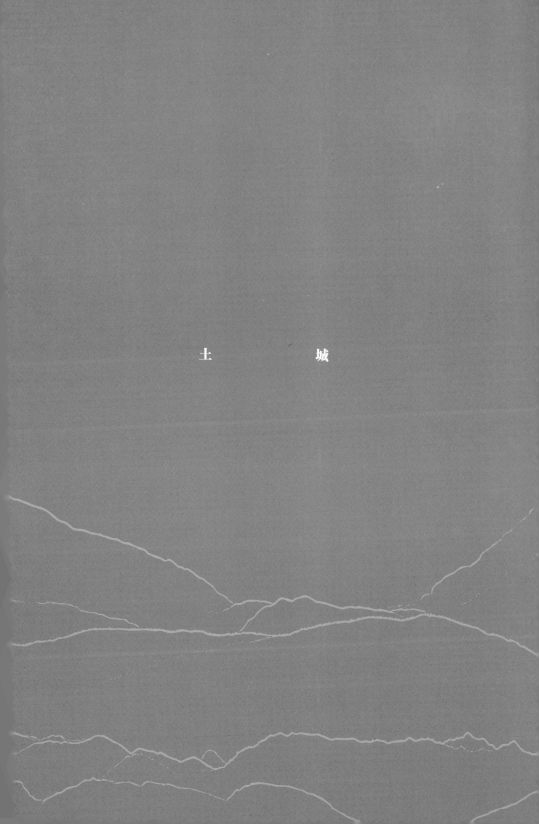

土　　　城

土城

昭通市昭阳区旧圃镇土城村。

属于坝区，人均耕地 0.67 亩，林地 111.00 亩。

正德元年（1506 年），于天梯高地修建土城一座，随岁月流逝而废，遗址面积约一平方公里，现存东南城墙一段。

土城乡鼓舞

雷平阳

一

在我有记忆之前，欧家营都是寂静的，仿佛有永远的暮色罩着。

记忆的来临，或说欧家营的景物、发生的事件开始进入我的身体，并无论怎么驱赶也赶不走的时候，是我四岁左右的一天。那一天，利济河两岸的白杨和核桃树的叶子，被密集的雨滴打得噼啪作响。有一条通往天边的利济河，就有一条通往天边的音响带。没有雷声，也没有闪电，利济河的狭窄的河床上，流水被一片滩涂所阻挠，也接受着一蓬蓬水草的频频弯腰致敬，作为矮处的景象，它们似乎没把雨滴的敲击当成一回事。雨滴打水溅起的水花圈，总是比最小的漩涡还小，至于那些落向滩涂的雨滴，它们的小躯体，一直都是沙砾的过客，一滑，小脚一滑，就隐身到了沙砾下的稀泥之中。它们也是通向天边的，它们组成的景象，就算连通了天庭，也不会轻易地解散。

那天，是我爷爷的出殡日。爷爷黑色的灵柩上站着一只鲜艳的公鸡，它们被人们高高地抬起，在利济河的河堤上朝着天边缓缓移动。灵柩的前面，是我们家族头顶孝帕的白色队伍，我大爹、二大爹、我爹、我姑妈及他们的配偶，包括他们已经能独立行走的儿女，低着头，泪流满面，步履沉重，人人都在内心的苦痛的簇拥下，与脚下的泥泞搏斗。穿着的草鞋，手拄的饰有白纸条的芒杖，往泥泞中插去，好像付出的都是全身的力气和意志，反之，却仿佛要把整整的一条河堤提起来。我的大爹走在队伍的最前面，他双手捧着装满了五谷杂粮的宝瓶罐，那里面装着爷爷今后维系千千万万年生命时光的粮食。他小心翼翼，如果脚下打滑，便先收腹，肩前倾，头低垂，死死地护住。男人泪少，女人悲声最多，谁都想灵柩里的人，惊飞爬棺鸡，掀开棺材盖，像睡了一觉似的，翻身爬起来，继续统领这支白色的队伍，可一切都为时已晚，灵柩里的人，生命已走到了尽头。

在灵柩的后面，走着欧家营几乎所有的人，男的，女的，老的，少的；有的流泪，有的没流泪；有的是亲戚，有的不是；有的是爷爷生前的交好，有的不是。送葬的人群，心中永远没有是非标准，人已死，只剩下恩，没有怨，更没有诅咒。陪爷爷走人间的最后一程，这是每一个人的义务……

记住这一切，我后来分析，大抵是因为我看见了送葬队伍中忽前忽后，疯狂地跳着鼓舞的那几个青年男子。整个送葬的过程，因为岁数太小，我都一直被舅母抱着，开始时，舅母的泪水混合着雨滴，打在我脸上，再看着大妈、二大妈、姑妈和我的母亲及堂兄堂姐们大放悲声，不知是被阵势吓着，还是觉得别人都哭了自己不哭就不对，抑或真的对爷爷的离去感到悲痛，我也就跟着大哭不止，张得很大的嘴巴里，灌进了太多的泪水和雨水，呛得直打喷嚏。后来，看见了那十几个跳鼓舞的人，我的哭泣便告一段落。以至许多年后，我的舅母每每提及此事，都会笑着说："小孩子不懂事，爷爷去了，他还笑个不断，像遇上什么喜事似的。"

二

　　我的老家欧家营，隶属于云南省昭通市昭阳区土城乡。它坐落在云贵高原向四川盆地倾斜的大斜坡上，是乌蒙山的腹地。但是，众山行到此处，仿佛累了，一一伏下身子，可能的短暂的休息便成了永恒的长眠，这也就使得在山的眼皮子底下，有了一块难得的平地。大地怀中的弹丸，群山皮肤上的泥丸，小小的一点，却成了昭通市昭阳区和鲁甸县几十个乡镇几十万户人家的息壤。欧家营就处在它的心脏旁边，像它的肺的一个组成部分。

　　难得的一马平川啊，山峦退到天边，成了太阳升起落下时的仪仗队。永远的黛青色，站在村子最高的地方看它们，它们也不是清晰的，似乎是都没有几公里长的巨石和几十公里长的绝壁和峡谷。金沙江和牛栏江成了它们体内的肠道；一直往天上铺张的树木和荆棘，消失得无影无踪；飞鸟和狼，蛇和狐狸，蝴蝶和松鼠，更非肉眼所及。春天，人们只看见风暴从那儿吹来，把土地里的小生命、树枝中躲着的小胚芽，一一召集在壁立的空旷的广场上；夏天，那里是云朵的飞机场，同时又几乎天天都在举办雷霆和闪电的宏大盛宴；秋天，那里是寂静的，大雁的翅膀越扇越慢；冬天来临，那儿最先落雪，先是顶峰白了，接着是山腰，当山脚也白了的时候，欧家营的雪也下疯了。因此，在我的记忆中，山是被省略了的，在土城乡或欧家营生活的人们，抬起头来，是看天，不是看山；低下头去，是看田地，不是看深渊。每个人耕种的土地，田埂笔直，秧垄笔直，每一寸土地都没有坎坷和陷阱，白杨、苹果树、桃树、杏树、梨树、枣树、李树、核桃树、樱桃树、棕榈树，全都长在平地上，没有危岩上的青松，没有从石壁中吸收水分的竹子，最显示品格的植物，顶多也就是长在河堤上的白杨。如果说白杨有什么象征意义，那就是它们充当了防守河堤的工兵，落下的叶子，有一半被河水带走而不能魂归大地。

平地上的村落也因此像一幅建筑平面图。以欧家营为例，它无地势可借，就依着作为季节河的利济河，所有的房屋"井"字形排列，一律的土木结构，像泥土随意凸起的肉腱。假如说，一栋单独的房子，其形象酷似农民李雄心，那么，整个欧家营就是近80个李雄心，静谧而又朴素地站在一起。它们绝少变化，用料、做工一致，结构、布局相同，体积、高差雷同，就连每年春节时家家户户张贴的门神，也是一律的关羽和张飞，可能的差异就是辣椒串的多少，造饭时炊烟升起的早与迟，门洞里人数的多与少，面容的千变万化（但表情又差不多）……令人难以置信的是，这些房屋并非出自一人或一伙人之手，建造它们的永远是它们的主人。这些离地面最近的房屋的主人，在建筑学上被同一股神秘的力量掌控着？实用主义竟如此不可思议地服从于集体主义？审美观竟奇迹般地孕育了克隆术？

相同的心理定式，人们在村子四周的土地上耕种，田亩上使用同样的农具、种子和肥料，多少比例的田亩种稻子，又用多少去间种蚕豆，一概都是统一的。有限的旱地，如果种植高粱和红苕绝对可以获得不错的收成，可人们还是清一色地种植苞谷和土豆，谁也不会想起高粱和红苕。收获了，大米怎么存放、怎么煮吃，苞谷怎么处理，土豆的吃法，一日三餐的食谱，每个人的饭量（分男、女、老、少），也大抵相当。每户人家都有近一亩的菜地，没有多少意外，所种的均是白菜、青菜、菠菜、豌豆苗、蒜苗、葱、香菜、韭菜、青笋、西红柿、刀豆和南瓜。粮食除养人外，每家基本上都另养一头牛、两头猪、一条狗和一只猫，外加几只鸡……有些年，政策号召种烟草，人们就种烟草，塑料薄膜、复合肥、烟草品种及整个种植和收获过程，均毫无二致，村庄里多出来的烤烟房，家家都建得像古代的微型碉楼。再过些年，政策又号召种水果，苹果或水蜜桃，每户人家辟出的地亩也没什么差别，在同一个农科员的指导下，育苗、嫁接、剪枝……也都是一样的，一样的金帅和红富士，一样的甜蜜度和一样的价钱。一样的，人们后来又铲除了烟草，连根刨掉了苹果树，在富裕之梦中列队行走的人们，最终又把家中富余的劳动力送上了进城打工的道路，一样地去落魄，一样地去往死里卖力，一样地去遭人冷眼并把最悲最贱的人生排练给人看。城市角落里的幽灵，生活沙场上的炮灰，犹如一堆碎玻璃，在古老的生存法则的字里行间，擦抹，来回地互相擦抹，发出刺耳的吱吱声。一样的，当他们返回欧家营时，差不多人人都身无分文，拜城市所赐，有的人还患上了性病……

差不多每年我都要回一趟欧家营，尽管它的线性的、看不见更多希望的变换，带给我的苦楚比欢快还多，可它还是像一个由蜂蜜营造出来的漩涡，其吸力也许引不回一只飞鸟，却能牢牢地把我卷回。我得探视父母，土地之慢，一再为他们的苍老提速。土地一直在向上升，他们一再地在矮下去。早些年，他们的脚边尽是青葱的苗圃，过去几年，他们的枕边就会多了许多落叶。他们守着那几亩田地，目光从来不会离开看了一辈子的田垄、水渠、白杨。哪一寸土地有颗石头，这石头来自哪里；哪一条沟底埋着一个破碗，这破碗出自哪一户人家；哪一棵树干上有一道斧痕，这痕是谁留下的；哪一堵墙上有一片雨渍，这雨渍开始于农历何年何月何日的哪场暴雨；哪一条小路晚上行走，走几步要用脚探一下，才不会失足……他们从不要别人提醒。生活之细，细得能记住任何一个村里死去的人的死期，以及墙角上有几个蚂蚁打出的洞穴。他们的世界正一寸寸缩小，而模型中历练出来的呆板的人生，又体味不出妙至毫巅的超然乐趣，纯粹是生命之小，毫无回归可言。去看他们，是孝道，更是慈悲，是一代人在另一代人身上觉察孤独与无助，更是两代人在一块儿共同排演历久弥新的生死话剧。血液中潜藏了无数道别和相守，只有一次次地用行动去表达，它们才属于生命。我的头发都白了，父母的头发还会黑吗？

在父母的土地上，我有过沉醉的时光。1991年前后，在一篇题为《菜园》的散文中，我曾这么陈述："我家的菜园在村子的西北角，胜天河（欧家营旁边的一条人工小河）在那儿日夜流淌，水声中长大的杏子树远远地将它围着。然后才是几棵老棕树，一棵核桃，三棵苹果和一棵樱桃。迎春花的藤子年年新生，年年蔓延，年年也都被编织，结结实实地将那一片葱茏在杏子树的圈子里又围了一圈。马桑树扎成的小门上，铁丝早已生锈。各种树底下的菜蔬年年无收，只有树荫遮不着的地方，才有菠菜摇动着扇叶，才有青菜高傲得脆嫩，才有蜻蜓栖在萝卜缨子上像一个个小巧的风筝，也才有蚱蜢的长须扫过白菜的脸，才有蜜蜂躲在油菜的花蕊里誓死不出来，也才有雨前的蚂蚁搬家，小小的背脊上托着一团团白色的卵往树底下跑，也才有花蜘蛛的小网子一次次被风吹散，或者一次次被锄头捣毁，又一次次重新拉起，捕捉一只只乱撞的水蚊子，也才有奇懒的菜虫把屎一坨坨地拉在菜脉上，也才有这个不同于凡尘的世界总是在有趣地组合着、变化着，消逝或新生着。"

我承认，我是一个生活的旁观者，从童年到现在，也许还得继续下去。

三

地势平缓之所，集体主义掌控的灵肉之地，小生命贴着地表喘息的小舞台，可食的植物变幻人间美景的角落，欧家营抑或土城乡，作为它的养子，我也感到有些费解：它凭什么孕育出了以乐致哀的疯狂鼓舞？

给爷爷送葬的那天，总共有 16 个跳鼓人，4 人一队，共 4 队。一队是"座堂鼓"，即我爹那辈人三兄弟花钱雇来的；一队是"后家鼓"，是我奶奶后家的人带来的；一队是"亲家鼓"，是我远嫁他乡的姑妈带来的；最后一队是"家祭鼓"，则是由家族的人们凑钱雇来的。它们体现了鼓舞的 4 种拜祭方式和家族史中 4 支血缘的流向。尽管每支鼓队跳出的舞蹈内容上没什么差异，也一律的是男人之舞，男人悲到极致的身体炼金术，但因来历多异而有着不同的性质。本家无鼓，悲何以幻变为乐？且在全村人心中就会有诸多的家族品德被抽掉；后家无鼓，铁打的一世婚姻，其质量就会遭到怀疑；亲家无鼓，繁衍史中的小小一环，极有可能出了问题；家族无鼓，则意味着一个家族丢掉了向心力，不能同悲，哪来同喜？不痛悼死，哪会有沸腾的生？反之，4 支鼓队汇聚，昭示的则是一个家族集团的亲密与兴旺，大家都有信心在剧悲之中以乐致哀，以哀为契机，进一步打造出一个人人倾慕的黄金家族。

4支鼓队照例以鼓为步，行进在送葬队伍的最前面。如果变一个视角，我们不是从送葬队伍中翘起头去看他们，而是站在利济河两边的田野上去看，4支鼓队，他们是在以最癫狂的肉体方式，引领着一支心胸激荡而肉身又定格在零度以下的白色队列。摄影术从来都是一门删繁就简的艺术，假如这时我们以它切起两个画面，一个只有4支鼓队，一个只收留送葬的人，我想，以我贫乏、空泛的想象，是绝对难以将它们联系在一起的。16个男人的舞蹈，16只筒鼓，16个人，在2/4拍"咚才/咚才/咚咚/咚才"反反复复的节奏中，在利济河的河埂上，在滂沱的大雨里，直跳得泥泞往天上飞，把两边的树叶打得噼啪作响，以至于让走在送葬队伍最前面的我的大爹，彻彻底底地变成了一个泥人。他白色的孝衣、孝帕，再也看不见一丝白色，手中的宝瓶罐也溅了厚厚一层泥浆。同样，16个人，16只筒鼓，一次次地被泥浆糊住，又一次次地在狂野的动作中把泥浆甩掉，节奏单一，舞步重复，情绪却非常饱满，鼓人一体。16个人分4队，相互之间，或舞老牛擦痒，或舞双龙抱柱，或舞喜鹊登枝，或舞仙鹅抱蛋，或舞狗舔骚，或舞鲤鱼跃龙门，或舞大猴背小猴，或舞苦竹盘根，或舞蛇蜕皮，或舞童子拜观音，或舞猫拿耗子，或舞小牛拜四方，或舞公鸡啄架，或舞蛤蟆晒肚，或舞雪花盖顶，或舞蚂蚱亮翅，或舞黄莺夺食，或舞猴子捞月亮，或舞耗子抠油缸，或舞狮子滚绣球，或舞新人上轿，或舞老鹰叼鸡，或舞花鱼抢水……咚才/咚才/咚咚/咚才，咚才/咚才/咚咚/咚才，咚才/咚才/咚咚/咚才，咚才/咚才/咚咚/咚才……

　　每一个舞者的身体中，仿佛都关着成百上千的野兽，它们一再地发力，暴跳如雷，一刻都忍不住了，前仆后继地决心冲破这皮肉栅栏。它们把舞者的每一根毛发、毛孔，每一块肌肉，每一寸皮肤，每根手指、脚趾，眼睛，鼻子，嘴（包括舌头、牙齿、牙龈），屁眼，生殖器，耳朵，脚底，手纹……全都当成了突破口，狠命地冲击。这涌起于内部的力量，均匀地、强势地鼓荡着舞者，欲炸，欲裂，欲飞。唯有舞，唯有跳，唯有不停地释放，源源不断地把野兽放出来，抢食遍地的悲和飘满空中的哀。身体的高潮是恒定的，就像永不熄火的炼钢炉。只有当我爷爷的棺木落入地中，一切才戛然而止，一切又将回归原有的现场和秩序。

　　舞者身后的队伍，依然缓缓流动，人们说，它像一条白色的河，白色的，夹杂着黑色的哭。雨水没有停下来的意思，使每一刻时光都布满了暮色。队伍行到通天的半路，孝子孝孙们一条线似的跪下，让灵柩在头上来回移动三次，是为招灵。所有的祈望，只愿亡人有皈依，灵位高矗，不要漂泊。之后，送葬的队伍就地解散，大路上只剩鼓队和加快了步伐的抬棺人，颠颠簸簸中渐行渐远，直到雨幕徐徐拉上。

吃野生菌子先要吞 25 分钟口水

向裕良

山上探秘

离昭通 40 公里，有一个叫永丰水库的地方，是回民居住区，移民搬迁过来的，两边楼房林立，一栋圆顶的清真寺十分打眼。

白云拥堵。房屋散落。

"向师傅，我在老家还有一块宅基地，准备老了来养老呢！"

说话的女士 30 来岁，是永孜堂员工，养老的计划有点早，大家不由得笑起来。

她又说："我小时候还写了一篇作文，就是写我的家乡，一湾小河流淌的花田之地。"

村子四周是各种绿色作物，夹种着新疆核桃，绿绿的，看不出里面是什么模样。

大家结伴进入山林。

满山枞树。

这场景倒是亲切了，这不是我湖南老家的样子吗？

最近比较湿润，树林里菌子比较多，不断有人来寻菌子。

枞树林里，各色头巾闪烁，男人女人们彼此呼应着，声音很轻很轻，似乎怕惊扰了谁。

"向师傅，这个是鸡油菌！"

"向师傅，这里有青头菌！"

好了，今天向师傅就是来跟各位女士巡山的。

山林寂静而热闹，各种鸟鸣伴随着采菌人小心翼翼的话语声，不时有飞机从头上飞过，别有一番高原特有的趣味。

那是一种被压抑的窃喜。

市场寻宝

云南复杂的地形地貌，多样的森林类型、土壤种类以及独特的立体气候条件，孕育了丰富的野生食用菌资源。这里的菌种类多，分布广，产量大，占了全世界食用菌一半以上，中国食用菌的三分之二。

昆明木水花野生菌交易中心不仅是云南最大的野生菌批发市场，也是全国最大的野生菌交易市场。

每当云南开始进入雨季，藏在大山里的珍稀野生菌就开始上市，在七八月间达到高潮。

就在这个市场，每天有超过 60 种野生菌在进行交易，都是直接从山上来到市场。大部分都沾着些枯草或者泥土，散发着原野的气息。

交易中心距离昆明地铁 1 号线福德站的 D 出口不到 200 米，要是想尝鲜的，搭个地铁，晚餐就可以品尝到别的城市没有的美味了。

尝了个鲜

口水已经流了一地。

"好多菌子可能有毒，每年都有人为这一口鲜香丧命呢。"

这是谁背后说了一句，吓得我想打退堂鼓。

圆桌上，端进来一盆鸡肉打底的石锅汤，好家伙，这鸡肉是配料，不吃的。

随着石锅进来的还有一个计时器。

汤翻滚的时候，店员陆陆续续把各种菌子往锅里放。

计时器从进门那一刻，定的是 25 分钟。

服务员没有给我们配筷子，只让我们吞着口水，静静看着。

这个中滋味，有点挠，有点慌，又不能说。

看着计时器一秒秒地读着，比谈恋爱那会儿的等待还绵长。

终于有人忍不住。

"服务员，怎么不给我们筷子啊？"

"对不起，我们店规定必须要等菌子煮熟了才给筷子！"

理由是怕我们提前动筷子，毒死。

原来如此。

25 分钟，总算到了。

土城

啥也别说，先喝一碗菌汤。

来自大自然的鲜香，真是享受啊。

堪比恋爱得手。

此后将是比一辈子还要绵长的思念。

第二卷

鲁　甸　　巧　家　　永　善

鲁甸

昭通市下辖县，位于昭通市南部，牛栏江北岸。

因鲁甸山而得名。

鲁甸，系彝语地名。甸（迪），意为平地、水草坝子，即彝族居住的平坝之意。

古代，鲁甸境内有朱提山，因产银出名，称朱提银。

山区占总面积的 87.9%，坝区占 12.1%。

鲁甸县垂直气候变化明显，夏无酷暑，冬无严寒。年均气温 12.1℃。

巧家

地处滇川两省腹心地带，是云南省地形最为复杂的县城之一。

山地面积占全县总面积 98.9%。

属高原山地构造，地表被江河深切割，山高谷深，地势高差很悬殊，巧家县境内最低海拔 517 米，最高海拔 4041 米，位于药山顶峰。

永善

1727 年云贵总督鄂尔泰剿平米贴，由朝廷钦命县名为"永善"。

县政府驻溪落渡镇，距昭阳区 200 千米。

永善有草山 72 万亩。

每逢岁末都会花朵盛开

叶梅

一

　　人称"七彩云南"，我看云南像一朵盛开的映山红。

　　这或许与我的家乡三峡有关，每到春天，巫山、大别山一带的映山红漫山遍野无比烂漫，此花"本是山头物"，没有牡丹富贵，也没有梅花孤傲，开得没心没肺似的，质朴而又天真，在山野里无拘无束的，相互和谐互不挤对，一簇簇相依相偎如姐妹家人抱着团。

　　映山红的雅名叫杜鹃，今年春天回到湖北，正逢大别山下的麻城杜鹃花节，方圆百里的龟峰山五月成了花海，无数人老远赶了去。我们去的那天有雾，白蒙蒙的，分不清究竟是云海还是花海，但见雾中的花儿格外凛然，深红透着劲道，粉红透着娇嫩，生机勃勃地支棱着，毫不扭捏。恰巧那段时间正要写"云南"，眼前的映山红让我心中一动，突然想到多次端详过的云南地图，恰似这盛开的映山红。伸向东边的花瓣是曲靖、红河、多依河；西边是腾冲、瑞丽、高黎贡山；南边是西双版纳、热带雨林；从昆明往西北方向依次有楚雄、大理、丽江，以及巍峨的梅里雪山；而昭通则是朝向东北角的那一瓣，高高地翘起，正是那里长卧着的乌蒙山脉，四季葱茏，奇峰峻岭，拱起了观斗山、豆沙关。

云南似一朵花儿，来自我这个外乡人的目光，云南朋友的心中一定会有更多比这恰当的想象。苏东坡道："横看成岭侧成峰，远近高低各不同。"云南的奇妙，值得一次又一次体验和琢磨。第一次去，会觉得知道了不少东西；第二次去，会觉得原来还有那么多东西不知道；第三次去，突然会觉得原来自己什么都还不太明白。

云南昭通，对我来说就是这样一个去了三次，而到后来猛然一想，却什么都还不太明白的地方。

二

昭通古时曾叫朱提、乌蒙，是一个彝族聚居区，彝族古代以鲁望为中心向四方分野，鲁望即是现今鲁甸县。

相关的历史错综复杂，但彝族人后来无论家在何方，都以昭通鲁望为祖先的发源地，这从四川凉山的彝族人那里可以得到印证。诗人吉狄马加就曾说起，在他的家乡凉山，老人故去后，人们会将他的头朝向云南，并在四周点燃火把，那是为他照亮回家的路。

鲁甸曾遭受多次地震，2014 年 8 月间发生了百年不遇最为严重的一次，顷刻之间龙头山一带良田房屋尽毁。

那天正是大中午，一个女人回到家稍作歇息，刚躺上床突然感到床板摇晃，大门砰砰乱响，她以为是在做梦，爬起来打开大门，惊骇地见到门前的场坝裂开了一条大缝，天地昏暗像是妖魔降落。女人顾不得多想，奔向场坝旁边一棵花椒树，一把紧紧抱住，只觉得天旋地转，她死死不敢松手。邻居院子里又跑出来几个人，女人拼命呼喊，叫他们赶紧抱树、抱树！直到地震停下来。事后得知，当时好多待在家里的人都被倒塌的房屋压住失去了生命，但在山上扯花椒的人，抱住花椒树的人都平安无事。

鲁甸人多为彝族，但也有大量汉族和其他民族，大家世代生活在一起。这一带盛产花椒，量大品优，当地农户大都喜种花椒，有的靠它修起了房子，有的为孩子上大学挣来了学费。8月间正是满山花椒飘着清香的季节，农户们大都上山收获，当地人叫作"扯花椒"，万万没想到会突然之间发生地震，扯花椒的人却因此逃过了劫难。地震过后，人们不止一次感恩，说花椒树真是救命树啊！

房屋田地被毁掉的农户后来都住进了新房，这是在2016年的春天，我们去到鲁甸的新农村，只见一排排整齐漂亮的小楼，楼门前的院子里搭着竹篙，晾晒着花花绿绿的衣被，门侧贴着鲜红的对联："日暖芳园来紫燕，春和玉树发新芽。"

但见一位老伯正在门前摘菜，便上前问好，老伯让进屋里，沙发上坐着他的老伴，手里正忙着针线活，见客来便起身让座。我们一行几人，只见这屋里窗明几净，都不由叫好，看这老妇人扎的鞋垫，白底红线针脚细密，中间绣出的红花绿叶更是好看。与老夫妇聊起，原先却是在龙头山那边住着，地震毁了房子才搬到这边来，儿子媳妇都在外地打工，留下一个小孙女请他们照看。田是没法种了，离得太远，只能做点针线，能卖出去几双就算几双，也指望不上能挣什么钱，不过好在还有几亩花椒树，那是他们养家的靠山。

看看沙发上放着扎好的十来双鞋底，我们掏钱都买了下来。我很想上山去，看看他们家的那些花椒树，今年长得如何。但老伯说季节还不到，现在只是5月间，花椒刚刚冒出点小苞，跟小米粒一样，小得看不清。还是到季节你们再来吧，尝尝我们鲁甸的花椒，老夫妇送出门来说。

从鲁甸回到昭通城里的酒店，似乎是轻车熟路，三次来昭通，每回住的都是这家店，周围的街道都走熟了。

往右拐的街上开了一溜商铺，靠近的一家装潢齐整，专卖"野生天麻"。在我的记忆里，天麻是颇为贵重的特产，鄂西一带的二高山上才有，平常人家要是给朋友送上几颗天麻，会被当成大礼。这些年却感觉天麻似乎多了起来，并且比原来的个头大了很多，一个个长相跟土豆似的，怀疑不是野生的。一问果然有了人工培育的天麻，且产量不低，难怪有了产业化的加工、包装和销售。但昭通这家店里卖价不低，说都是从山上挖来的野生天麻，将绳子捆在腰上爬到悬崖边，或是老坡里，得来很费功夫。

店老板是一个光头的壮汉，他说不信你买回去试一试，比家生的效果好几倍都不止。天麻的疗效很多，民间流传最广泛的是治头昏，老母鸡炖天麻，这是一道经典菜。我想，要是哪一天头昏，就一定来买昭通的野生天麻。

但现在，我看到这家店前的人行道上，几个妇女在一边聊天，一边绣十字绣。被围在正中的彝族妇人五六十岁了，但眼神看上去很清亮，穿针引线全不费功夫，她手上绣的是一幅两丈开外的孔雀戏牡丹，已经绣好了大半幅，一叠小山似的堆在她的小竹凳旁，盖住了她的脚。她头戴一顶蓝色制服帽，有些像赵本山在小品里常戴的那种帽子，身穿蓝色大襟上衣，外系一条黑面绣花围裙，腰间扎得紧紧的。在云南红河、临沧等地也见过老年妇女的这种打扮，显得能干利索。

我请求几位妇女打开绣品让我看看，她们毫不犹豫地答应了，但嘴上却又说："有什么好看的嘛。"云南人的口音跟四川、贵州，包括鄂西都很相似，只是咬字更用力一些，女人们七嘴八舌，铿锵有力，掷地有声，听出她们是在玩笑，也叮叮当当的。

说话间，那绣品从她们手上一卷卷放开去，放着放着，就见那孔雀飞了起来，翅膀抖落着，满地都是花儿。一眨眼，这昭通的大街上都开遍了。

三

第三次去昭通是参加当地文联组织的一个笔会，开会的地方漂亮幽静，一幢幢白色的小楼依山而建，在绿树和怒放的三角梅、芍药花丛中。

那天，我正在那里看一个画展，一位高个的年轻女子走了进来，她穿着过膝的蕾丝边裙子，长得圆圆脸，模样喜庆，自我介绍说叫饶红梅，是昭通巧家县的作者，来参加笔会的。又说曾经在学校念书时曾读过我的小说，并说出那小说的标题《花树花树》。一个写作者最大的愉悦莫过于有读者能对其作品感兴趣，况且她说的这部小说发表在 20 世纪 90 年代初的《人民文学》，迄今已经二十多年了，亏得这位当年的初中女孩还记得。我说谢谢你。画室的桌案上铺着笔墨纸砚，我就着给她画了一枝梅。

她高兴地带我去看山后的梅树，说那树都好几百年了呢，每逢岁末都会花朵盛开，满山飘着香气，远远地就能看见。走近一看，果然是虬枝茂然，风骨遒劲，我们边走边聊，她说到自己的工作和家庭，说到业余时间的写作。最后我们互加了微信。

饶红梅出生于巧家县的一个偏远小村庄，巧家古称堂琅，古代先民远在先秦古蜀国时期即在巧家堂狼山设堂琅县，创造了以铜矿采冶文化为核心的堂琅文化。据有关专家考证，巧家堂狼山的古代先民开采的铜矿料运往成都，铸造了三星堆青铜文明，商王武丁妇好墓里的青铜器、剑川海门口青铜器、古滇国青铜文明的青铜矿料均来自古代僰人，僰人为"犍为蛮夷"，即今昭通一带。昭通铜矿富集，开发最早的即巧家堂狼山，这里可以说是中国青铜之路的源头。

小时候她特别渴望阅读课外书，但是身边只有单一的课本，偶尔发现同学几本连环画，她就想尽办法借过来，读了又读，直到倒背如流。小学四年级时，有一次去帮语文老师倒垃圾，捡到一本破烂的《格林童话》，她如获至宝，从此就自告奋勇天天去帮老师倒垃圾。老师都夸她是个勤快的好学生，其实不知道她一门心思还想从垃圾里找到书。后来找不到新书，她就自己写给自己读，小蚂蚁搬粮食，小狗打架，鱼儿咬尾巴，树叶儿的狂欢，土地、太阳和云彩的变化等。去年她回老家帮助妈妈收拾屋子，还在一张纸剪成的鞋样子里，看到了儿时写的故事，虽然错别字连篇，语句不通，好些是用拼音和图画代替的，但充满了趣味。

后来她考上了师范大学，学校图书馆的书籍让她惊喜万分，三年师范生活几乎全泡在了图书馆里。毕业后一时找不到工作，她四处漂泊，吃了很多苦头，前途灰暗，生活无助的感受让她只能用文字来发泄心里的压抑。一年后她终于考上教师，在家乡的一所小学教书，课余只要有时间，她就用来读书，写点小感悟，甚至散文、小说，作为自己最喜欢的兴趣爱好。天长日久，从童年时养成的读书写作的习惯，成为她不可缺少的一种生活方式。多年来，许多人和事走进了她的生活，又走出了她的生活，不少曾经狂热痴迷的东西被遗忘，只有读书和写作一直陪伴着她。

饶红梅把写作当成一件有趣的事情，会每天写一个小小的童话给女儿看，每次收费1元钱，有时候女儿读了特别开心，除了付1元钱，还另外给她5角钱的小费，如果女儿读了不开心，就会向她讨还。那些收到小费的童话，她就珍藏起来，被要求退还钱的童话，她就重新修改，直到女儿满意为止。

饶红梅的作品集《在药山嫁你是一生最大的收获》中的许多文字是她对家乡满怀深情的描写：雄浑巍峨的大药山，汹涌澎湃的金沙江，巧家秀美的山水、肥沃的土地，丰富的物产，风味独特的小吃，特别是生活在这片土地上的人们。从她的小说可以走进大药山下的乡村和城镇，看到那里现实生活中各种人物的情感和命运，有年轻女教师、修鞋为生的残疾人、卖酸菜的小媳妇……情节曲折、跌宕起伏，体现了爱的主题，细腻温暖、感人。

我相信，那片古来青铜器的发源地，将会给饶红梅的作品注入更加坚实的底气，红梅花将会开得更加灿烂。

甘杉村的谭德才

曾哲

1988 龙年，谭德才到了昭通昭阳区。怀揣淘金梦的他，抖搂着唯一一身蓝衣褂，初次走出大山，在新民镇承包了瓦窑烧瓦。

谭德才干的是瓦窑。瓦窑上，是男人的世界。当地的老话，好男上瓦窑，好女针线包。不去摸打摸打那些苦力活，简直就不是好男人。

瓦窑如瓮，地下地上各一半。拱形的火门，一人多高。里边的后壁平直，有三个烟囱到火田。圆形火田出了地面，蓄满了水，为瓦窑熄火时冷却用。

正儿八经的窑厂，踩泥用水牛，蒙着眼睛，它才不会跟着脚印走。跟着脚印走比较轻松，但里边的土薄，踩不好。经过两天的踩踏，瓦工才上场。干燥之后，就会送进瓦窑。这不仅是体力活，更是技术活。每一撂十几斤重，小心谨慎，防止碎裂。

瓦坯是不能见雨的，因为它薄。也不能晒，一晒就断裂，只能阴干，所以瓦坯要在搭建起来的寮子里完成。制造要手艺，模具比砖模讲究。扁扁的，有把柄，滑滑亮。瓦坯锻造靠师傅的脚趾，粘住泥料往模具上一踩，顺势钩住手柄，就到了手上。用工具一划，操起模具，退到坯墙上轻放，一张瓦坯齐活。动作那叫麻利，看官只能张口结舌。制瓦坯千张，方可下班。

点火前要祭祀土地。有口气的都要来参加。窑口前摆八仙桌，放些供品，点三炷香，庇佑烧窑顺利。与泥土打交道的人，对土地是敬畏的。

三天三夜烧窑不断，柴草得给劲儿。必须干干松松的，点点儿湿草都不得。这口窑，少了也要备出二百六十担干柴。柴草垛高高，快赶上窑顶啦。

连连的几天焚烧，烧工累得够呛。火灰满头满脸，黑不溜秋。只剩下充满血丝的白眼球，咕噜咕噜地翻滚。

火田上三个烟囱开始冒青烟了，一团团地向上空喷涌而出。窑中火壁通红透亮，洞口如同水晶宫，闪闪发光。这说明瓦煅烧到熟透的程度，窑就被封上。火田马上放水，锄头轻翻泥土，防止渗出。封闭的瓦窑，要处于冷却降温状态。不能透气，否则瓦质变红。一窑的辛苦，就白费了。

谭德才此时出现在现场，把一袋子洋芋倒进火灰煨烤。工人们辛苦啦，先给肚子垫一垫。今天的厨房里，两大锅的牛肉等着你们哪。管够管够。

炭灰里煨熟的洋芋味道香，太好吃啦。只有窑工才知道，那是独一无二的美食。

开窑，最为期待。谭德才的心情，不言而喻。但是这主儿，总要躲得远远的。好像心里早就有底了。窑门一开，果然那个好哈！瓦色青黑，烧制成功！

别人烧出来的是红瓦，他烧出来的瓦青黝黝的。谭德才的名声，一下传扬开了。

一年多的时间，谭德才干出了十来窑瓦。正当票子哗啦啦进账，收益直线上升的时候。谭德才做出了一个让人费解的举措，回家。那时候，他已经有八九千块钱的积攒了。要是继续在昭通昭阳烧瓦，毫无疑问肯定要不了多长时间就能成为万元户。可是，他想家，想念母亲，想念媳妇和孩子。

1988年的昭通城，灯火通明，很多人家都在看电视。家乡的夜晚呢？此时此刻他几乎想象不出来。唯有老人嘴巴前一明一暗的烟火，和黑漆漆的大山记忆。即便这样，那种感情也是温暖的，牵着人心的。他大胆地想象着，想象着用手里的钱，给老母亲买一台电视。想象着村里街灯明亮，想象着媳妇和孩子围坐在老母亲身边的笑脸。还想象了很多，他笑了。回家。有本钱了，回到那个山乡。碰一碰那个穷字，改一改那个贫困。

我带着任务去采访，在谭德才家里住下，这才真正认识了他。

谭德才所在的甘杉村，是个高寒冷凉的特困村。最低海拔2300米，最高海拔3150米。老百姓常吃的，就是洋芋、荞子、燕麦、玉米。这些个作物产量低，效益差。到2000年，人均有粮仅170公斤，人均纯收入仅340元。全村群众银行贷款和私人债务高达94.7万元。自然条件之恶劣，谁能带领甘杉村民走出困境呢？

2000年"村改"，中国村官第一次由村民自己来挑选，甘杉村民十分上心。想来想去，他们想到了一个人，他就是甘杉村当地有名的建筑老板谭德才。

从47岁走马上任到60岁离任，13年的村官之路，谭德才经历了生与死的考验，也得到了村里巨大发展变化的检验。

为了实事求是，谭德才要求使用录音。

1995年的时候，带着大家包林子，打沙（把石头打碎），建筑上就做这些事情。把群众分成5个组，喊核心致富组双层经营。我当时还在团转（周围）打工，带着打工组打沙、造林。大家的经济就有了一个上升，茅草房变成了瓦房。所以谭家营40来户207人，没有要政府补助就自行脱贫，茅草房变成了瓦房。记得有一年我们一次修了18家的房子。修房子的也评工分。当时周边还没有谁有这种做法。到2000年村级换届，我当时在帮茂林、伍寨两个乡镇修人畜饮水工程。他们为什么这么看得起我？是因为我不用他们看路线。什么地方修水能到？什么地方是最好位置？我一眼就看出来了。村级换届的时候，无形中把我的名字选出来。我当时只考虑带着他们整工程，没想别的。可村民说，你光带谭家营组不行，要带着整个村富起来。我说去了村上，把我的产业丢掉可惜了。说了几次不去，老百姓不答应。当时选举的时候共得1106票，基本算是全票当选。甘杉村村民，共1300人。

这个录音结束的时候，晚霞已经把对面的山林染成红色。一阵风吹来，刚刚走下楼梯的谭德才又返回来说：12小时之后，会有一场中到大雨。气温会降到15度左右。你们常说下雨天，留客天。多住两天噻，暂时就不要去昭通啦。

这样晴朗的天气，会下大雨？事实证明，谭德才是对的。第二天一早，我们冒雨向茂林镇进发。而且长衣服在后备厢，我只能抱着肩膀，哆嗦了一路。

一路上我禁不住想起来采访中收集来的材料，那些有关谭德才的故事。

早在1985年谭德才就提出："发展要看长远，山上不种树，生态继续恶化，自然灾害无法抵挡，贫困还会加重。"

当时谭家营社只有几十亩林子，经过耐心说服引导，他把已经分到户的土地又收回一部分。在国家没有任何补助的情况下，集中连片造林1540亩。这可不是一般的胆量气魄。

1991年谭德才抓住国家补助秧苗钱的机遇，又带领群众造长防林 1510 亩。有人说他是"鬼精灵"。谭德才不置可否地说，其实是我的脑壳不一般。

1991 年他在全县开了先河，搞统分结合的双层经营体制。把谭家营社的劳力抽出一半，成立了一个"合心致富组"，由他带着出去找副业。剩下的劳动力，在家搞农业。搞农业的、找副业的都记工分，年终进行一次再分配。

1992 年，谭德才带领大家到莲峰林场承包造林。当年收入61383.53 元，用于现金分配 35260.86 元。提取现金 26122.67 元。其中的 2 万元把谭家营小学修葺成石混结构的学校，6000 元搞了本社的自来水工程。

在莲峰造林，一干就是 5 年，累计造林 3 万多亩。队伍由原来的 30 人壮大到 60 人。收入由 6 万多元，增加到 20 多万元。到1993 年，社里的积累就达 6 万多元。固定资产达 8 万多元，人均纯收入达 436.78 元。比 1990 年增加 325.63 元，增长了 393%。人均有粮 389.5 公斤，比 1990 年翻了一番。

莲峰造林结束后，谭德才组建了一个建筑工程队。还建起了一个规模达 1000 多只乌骨鸡的森林养殖场，和一个砂石料厂。

在稳粮的基础上，他带领群众，推广地膜单株定向玉米移栽1200 亩。玉米种植面积比原来增加了 400 亩。玉米单产由原来的三四百斤，提高到六七百斤。之后又推广洋芋垄作等技术。使得全村粮食产量大幅度提升。两年就解决了温饱问题，告别了寅吃卯粮的历史。

为了降低打砂的成本，谭德才召开村委会。会议通过了修建一个 55 千瓦小水电站的决议，用水电取代柴油机。

2001 年农历二月二十九日，谭德才的妻子病了，家里托人接连带了三回信给他。由于电站正在筑坝，谭德才脱不开身。等他忙

　　　　　　　　　　　　　　鲁甸　巧家　永善

完关键的工程，妻子的病已经好转出了院。妻子默默流泪，谭德才也悄悄把愧疚咽到肚子里。第二天一大早，谭德才起来煮猪食。妻子醒来第一句话就问："工地上那么忙，你怎么还没有走呀？"谭德才听了，眼泪差点掉下来。妻子是一个通情达理的贤内助，一个以丈夫工作为第一的好妻子。他惭愧又充满感激地说："你要吃点什么？我给你弄！"妻子说："不要管了，工地上的事情很多，你走吧！我歇一会儿，自己煮点稀饭吃。"

就这样，谭德才放下家里的一切，再次奔赴工地现场。

谭德才多方努力，争取到一事一议工程9万元。又争取到县扶贫办补助雷管炸药钱2000元。用这些资金和炸药，新修洗羊塘一、二、三组和老母坟村民小组村组公路。为了节省资金，把好钢用在刀刃上。他亲自测量，与村民一道挖土凿石。几个月时间，修通了7.2公里村组公路。使甘杉村在茂林镇率先实现组组通公路。老母坟公路修通后，谭德才又争取一事一议资金3万元，帮助该组修了一个篮球场。

2002年，甘杉村迎来了一个前所未有的发展机遇。这一年，国家实施退耕还林工程，甘杉村当年就争取到2000亩退耕还林指标。利用来之不易的退耕还林指标，谭德才带领村民高标准造林。

省林业厅陈副厅长来检查调研后，紧紧握着谭德才的手说："你干得太扎实了，明年再多给你点指标！"

2003年，谭德才又为甘杉村争取到2198亩退耕还林指标。两年累计完成退耕还林造林4198亩。退耕还林政府有补助，头8年240元/亩，后8年120元/亩。

谭德才为甘杉村民争取来了最大的实惠。同时也引起了少数村民对他的怀疑。有人说："谭德才这么努力，他自己不整一两百亩才怪。"当时是补助金折成大米供应，怀疑他的村民派人监视他。

说几百亩退耕还林的大米要拉几车，看他拉到哪里去？结果查证下来，谭德才的退耕还林面积只有9亩多。怀疑他的村民主动找他道歉："二哥，对不起，我们误会你了！"谭德才说："我当初放弃年薪几万元的老板不当，来当月薪295元的村官，为的就是带领大家一起致富。如果是为了贪这么点小利，我何必来当村官？"干了好事还被误会，谭德才一开始感到很委屈。但他转念一想，村民能有这样的觉悟，对自己这名党员乃至甘杉村所有党员干部永葆党性或许是一件好事。他没有责怪监督他的村民，而是欢迎村民继续对他实施监督。

2003年初，谭德才下乡工作，无意中发现退耕还林以后不少村民没事干。老的围着火塘摆龙门阵，年轻的打牌下棋。恰在这时，2002年只身前往河南打工的罗昌华打电话告诉谭德才，河南需要的劳动力很多。洪正宽、陈忠平、蔡国超、林永志、刘仕贤、谭显鸿等，都是谭德才当老板时带出来的能工巧匠。但是缺少点敢到外面闯世界的精神，谭德才动员他们带个头，到河南去发展。先后组织3车90多人，谭德才亲自送他们到河南去打工。

甘杉村外出务工累计达500多人，大部分落点于河南，主要是烧砖瓦，后有不少人承包窑子当上了老板；少部分落点于海南种花、种菜、搞建筑。谭显鸿当时卖洋芋，每年能挣七八千元，有点小富即安的心态。谭德才动员他去河南，他还不想去，左说右说才做通思想。后来包窑子烧砖瓦，在昆明修了一幢楼房，价值300多万元。

五保户陈朝龙脑筋有问题，原本是叔伯兄弟供养的，因特殊原因，被赶出家门，住在一个岩洞里。谭德才组织村上的劳动力帮其修了两间房子，还给他送去了锅、碗、瓢、盆等炊具。村里一共有3户五保户。谭德才家杀年猪、推豆花，逢年过节，都要给他们送些东西去。陈朝龙脑筋清醒的时候，对谭德才十分感激。病发的时候，则喊着谭德才的名字谩骂。村民们问："二哥，你怎么还给他送东西，吃多了好让他骂你啊？！"谭德才笑了笑说："他犯了病，骂两句有啥子不得了的。人是有心的，心里知道就行了。"

谭德才腿病还未痊愈，就再也坐不住了。投资 9.9 万元的"照明工程"，其他村民小组都建设得差不多了，老母坟的工程迟迟没有动工。

谭德才找来该组组长张文宝。让他给个说法。

原来是通电线路虽然只有 1.5 公里，但地势陡峭，单靠老母坟组的劳力，10 米长 500 多公斤重的水泥电杆很难抬上去。

张文宝最后说，我们 51 户苗族同胞没有点电灯的命，我们认命了！

谭德才有点火了，你说啥屁话，命运不是上天赐给的，而是靠自己主宰。有困难要想办法，哪能自暴自弃。劳力不足，我来想办法。

谭德才把谭家营的组长泰友平和马家营的组长蔡昌金请来，他开门见山："我就不兜圈子了，请二位组长来，有一事相求。老母坟是甘杉村唯一的一个苗族村民小组，拉电的事情，决不允许哪一个民族兄弟掉队。两位组长能不能从你们那里请几十个壮劳力帮忙干两天？不过你们要给大伙说清楚，只帮忙，没有报酬。"

两位组长说："乡里乡亲，要什么报酬。二哥一句话，我们回去就跟大家说清楚就行了。哪天动工，在家的壮劳力全部上。"

开工那天，谭德才挂着双拐来到工地现场。壮小伙 16 个人抬一根电杆，再拴上纤绳。12 根水泥电杆，80 多人干了两天才抬上去。

谭德才以坚强的毅力忍受着痛苦的煎熬，虽坚持锻炼，4 年后，他受伤的左腿还是不能弯曲，经鉴定被确定为四级伤残。但总算可以成为右腿的辅助支撑，走路虽一瘸一拐，但能丢掉双拐了。

这一灾难刚刚过去，另一麻烦又不期而至。2008 年，谭德才又得了过敏性鼻炎。这个病虽然不要命，但却十分痛苦，出行不方便。吃菜只能放盐巴，不能放任何佐料。有一点刺激，就喷嚏不断，头晕目眩。4 年时间，前后花了两三万元，还是没有治好。

甘杉的日子不甘甜，光秃秃的山上无杉树。谭德才刚任村主任的时候，在谭家营造的 3000 多亩林子，成为点缀着甘杉最大的一片绿色。村委会所在地龙门寨集镇，只有 10 户人家。谭家营集镇，只有 10 户人家。住的都是茅草房或瓦房。

如今的龙门寨集镇，已有 100 户人家。谭家营集镇的 88 户，家家住着小洋楼。

在谭德才的带领下，植造的人工林达到了 18000 多亩。昔日苍凉的荒坡，如今已经披上了绿装。

村民们正高兴地采挖、清洗、加工党参。黄生生的党参，铺满宽敞的院坝。正在劳作的人们满面红光。他们深信，在老支书谭德才的带领下，阳光与收获一定会拥抱甘杉！

盐　　　　　津

盐津

昭通下辖县，曾拥有盐井产盐并设渡口而得名盐津。

地处乌蒙山脉北部斜坡地带。

古为僰人居住地。

主要河流有关河（朱堤江）、牛街河（白水江）、上清河等。

古人由蜀道入滇，此是第一道关。关上有个唐碑亭，亭内岩壁上是著名的唐代袁滋题记摩崖石刻。

在白水江边长大

徐洪刚

当我还在读小学的时候，我就在课本上读到漓江的美丽风光，可那时候我一点也不为之所动。我生活的洛旺这个地方，一条江环绕而过，除夏天的汛期，一年的大多数时间，江水的清澈和碧蓝可与海天一色的大海景色相媲美。白水江有时流过宽阔的沙滩，江水浅没及膝，两岸的人们就可以挽着裤腿，牵着骡马，涉水而过。有时窄如小涧，远远地看上去，一只鹿或者一匹马都可以一跃而过，这条发源于长江支流的江，传承文明，历经沧桑，也曾流出崭新的流域。多少年前，白水江这条软体动物，凶猛如同狮虎，利剑般把南方的大平原削成高山峡谷，沟壑叠嶂。那牛羊遍野，挥鞭策马，驰骋数百公里的时代已经一去不复返了。我记得暴雨之后，浑浊的江水凶猛地冲走肥沃的土地，失土难复，留下了汽车火车难以挺进的大山尖峰、悬崖峭壁，也留下了山区秀美的自然风光。一条大江导演了多少爱情的绝唱。隔江相望，去年的情哥哥、情妹妹，今年不在，只有江水涛声依旧，留下痴情的人儿让凄婉的情歌随水漂泊。

在一个叫洛旺的地方，地形如同一匹睡马的姿势。江水急流凶猛而来，坚硬的马头状石壁挡住了江水野性的冲撞，一条江水在马肚子前面拐了一个弯，引着马肚皮对岸的一条小河又急匆匆奔腾而去。

我家住在白水江的妹妹小河的山上，山里人常唱："大河涨水小河噢满，小河涨水大河噢浑，小河大河隔噢不断，阿哥对小妹儿的思噢念，哪天哪日扎个噢竹筏噢子，接你过来噢好享清噢闲。"

白水江是一支久唱不衰的山歌，从贵州省的赫章县一个叫毛姑的地方发源，养育了英雄与梦想，一条江的经历，也开辟了白水江两岸的栈道。旧时的英雄与汉子们，率商队和马帮驮上几百里，贩卖盐巴传下希望的火种。白江水从洛旺流入盐津县。河流的贯通连成了千里一线，形成了自然的江边文化，江边的文明完全是由伦理道德的无形缰绳约束和规范的，谁在江边走，就要留下好名声，否则你就只好退缩在大山的深处，做一只缩头乌龟，守着老实巴交的婆娘过日子，养的独生子也再不敢充好汉，抬不起头来。江边的每一个小站，每一个小镇，多则住有三五百户人家，少则有三五户，并且是分散在山间背风向阳的洼地。

旧时的文明与规范，早已被一条简易的石子公路的开通打破，白水江崭新的流域和新的文明规范自此开创。宁静的乐园不再能够满足后辈人的生活求索。大山已经挡不住山里娃们的视线，纷纷兴高采烈地踏上追梦之旅，或上学、参军，或打工，去实现步出大山的理想，争睹大山外边异彩纷呈的世界。

尽管信息发达，因特网连通山里山外，更多的山里人却仍然愿意守着祖辈留下的几亩薄田，辛勤耕耘，挥洒汗水，收获希望。老人们的故事，渐渐成为老掉牙的旧事，旧事物所处的社会环境变换，产生的影响和意义也就随风而逝。

二十年前，我还是一个七岁小孩的时候，曾记得赶场是山民们一个月里九天的盛大节日，江面上一条色彩斑驳的木船，载渡江两岸的人们手里拿着山货与其他百货去交易。人们排队上船，秩序井然，一条船的背后，排起了弯弯曲曲的队伍。人们一上船，船的水位下跌，一些妇女常常惊吓得失声尖叫，引得岸上和船上的汉子们，荡起一阵自然的邪笑和口哨声。

一天，又逢赶场等船的间隙，父亲看着我的小脚脏得不能再脏了，就抱了我到江边去洗干净，给我买了双新的解放鞋，那是孩提时代最幸福的时光。

在山中生活的孩子，根本不知道疲倦是什么。他们一天到晚在山里蹿上蹿下，在夜幕降临的时候，才依偎在大人们的怀里，打起瞌睡来雷都吼不醒。在睡眼惺忪中，家人催我洗脚了，我答："洗过了。"又问："在哪儿洗的？""爸爸抱我在江里洗的。"引起一屋子的人哄堂大笑，我在半睡眠状态中仍然坚持："人家说洗过了嘛！"父亲在江里给我洗脚的事成了我少年时的笑话与梦，我的脚永远都在江里洗过的，只要我困了，我就会重复着那个美丽得不容怀疑的梦。一个村庄都在传说我在江里洗过了脚。

母亲的身后，永远都有一个尾巴。即使在母亲的背上，还背着一个弟弟的时候也不例外，也要跟随母亲走亲串戚，赶场凑热闹。跟随母亲赶场有许多好处，或多或少总能捞到一块糖果塞到嘴里，这是少年时代馋嘴的奢侈大事。母亲带着我在街中心唯一一家略带古朴如书中描写的饭馆中吃过溜溜粑（不规则的汤圆），味道纯正，好吃极了。一次，又跟随母亲经过那个黑黝黝、油乎乎的柜台时，我的脚就走不动了，嘴里不说话，依在柜台边不肯离开，眼睛里的馋劲儿早已被母亲看穿，母亲的兜里大约钱不多，吃一碗溜溜粑都觉得奢侈多余。柜台里的掌柜看见了，半开着玩笑半认真地说："留他在这儿跟着我吃汤圆吧？"母亲说："真想送给你算了。"据传，这个掌柜没有儿子，我真的很害怕把玩笑当真。尽管溜溜粑对我产生强烈的诱惑，儿不怕母骂，更不嫌家贫，我的小手紧紧地抓住母亲的手，生怕母亲丢下我，听话地离开了那个愿意留下我长期吃溜溜粑的掌柜。

我在白水江边的童年，是在母亲的含辛茹苦、父亲的威严关爱中度过的。我稍大一些的时候，又开始笑话从母亲背上放下的刚刚会走路的弟弟，像跟屁虫一样，是母亲甩不掉的尾巴。兄弟大约都是这样，重复传递着哥哥昨天的故事。

牛街文化受四川文化的熏陶。据考，清乾隆中期，牛街的城隍庙经常演川戏，并从四川传入了龙灯、狮子、车车灯、牛灯等。牛街、柳溪、洛旺一带的人们，还在山歌的基础上，创作出了独具智慧的劳动的音乐——打鼓草。这与古代作战擂鼓鼓舞士气似乎是同出一辙。姑娘出嫁时哭嫁哀挽、低吟、悠扬，堪称一绝。白水边的姑娘长得漂亮，诗人陈衍强有诗描述："一条白水江／才流成你如此好看的身段／立于竹筏上／像鼓风的蓝帆。"姑娘们一个个出落得白净净，水灵灵，如鱼儿般活泼，人见人爱。

白水江是彝良唯一通航的水路，因为水流太急，船在顺流时，纤夫们拉着纤绳一步步放行，逆流而上，纤夫们又一寸寸地前进，生活的缰绳深陷进健壮的肌肤。直到1968年通公路后，江面上的船只才逐渐消逝。在今天，白水江上除了各镇建有石拱桥外，又飞架了七座铁索桥。交通的发达，也改变着两岸人沿袭千载的生活状态，桥飞架南北，征服天堑的同时，也标志着文明与进步。

在白水江两岸，蕴藏着丰富的煤矿资源。那一年在修建洛旺铁索桥时，深挖的地基里呈现出两棵埋藏千年的硕大枯木，用上百人的力气才把它抬了出来。那时我就想，地壳的变动，河流的变迁，不知埋葬了多少森林，那些深埋千年的森林逐渐被开采出来，已是用铁锤敲打仍然很坚硬的煤块。

白水江里，生长着各种鱼类，白水江就像是人们共享的鱼塘。谁要是想捕几条鱼烧个鲜鱼汤喝，提了网，费不了半袋烟工夫即可告成。有细鲢鱼和黄蜡丁等十多个鱼种，黄蜡丁比细鲢鱼更为普遍。我们去捕鱼的时候就唱："黄蜡丁，戴帽子，假充鱼先生……"因为黄蜡丁的头大鳍小，游起来相对较慢，常常蜗居在石头下，推沙粒把洞口封住，只要轻轻地把那层细沙扒掉，伸手就一定能抓着一只活蹦乱跳的黄蜡丁。细鲢鱼在麦收季节的傍晚，常常聚到水滩头，急流的水花下，完全像是在乘凉，轻轻地伸手进去摸，喜欢群居的细鲢鱼以为是同伴的身躯靠过来，你就可以轻松擒出一条来。还有一种更为稀罕的国家二级保护动物大鲵，因为叫声似小儿啼哭，故又叫"娃娃鱼"。据说涨大水的时候，娃娃鱼能爬上岸来，它属于水陆两栖动物。

　　在炎热的夏季，白水江里锻炼出许多精悍的水手，在江边长大的小孩子，五六岁就敢在深不见底的江水里游泳。也惹得大人们提心吊胆，编织许多哄人的鬼话。"七月羊，鬼乱蹿。"鬼乱蹿，谁还敢独自下水，当心水鬼把人拖走。小孩们常常群泳，并在水中玩游戏，下水没有半天是不上岸的。江边的汉子，既有一手好水性，也个个是好汉。一个山民不慎从铁索桥上掉了下去，急流的江水瞬间把人冲出几百米，一个姓黄的汉子见到，风驰般救人而去，边跑边脱甩衣服，一头扎进江里，硬是在浑浊的激流中把人从阎王殿里拽了回来。

　　白水江沿岸，农作物丰富。虽然人稠土薄，退耕还林后又呈现大片的森林，人们正在寻求着该做什么去，是否回到远古的牧羊生活。男耕女织的生活依然在继续，粗犷豪放的男人扯着嗓子，一调山歌放进山里，红了妹子的小脸蛋，也尽情地在牛尾巴有节奏的挥动下抛洒汗水，收获年寿物康。

白水江两岸的人们，用勤劳和智慧，耕耘美丽的家园。有的人从这片土地上走出去已经走得很远，但有一天，他们仍然愿意无数次重复昨天的步履，回到生养自己的这片美丽的土地寻根溯源，回忆昨天的梦想，喝着菜子沟的苞谷酒，酣畅淋漓地吼出男儿的豪放，抽烟，喝茶，干杯。至少我是这样。

你说的豆沙关，其实是个美人关

傅舰军

你说的豆沙关，我也去过，而且不止一次，走的都是老套路。

你走的险路，我是不敢走的。从照片上看到石壁上负重而行的山民，我的腿早软了，脊背上很快虚汗成河。

对面绝壁上的僰人悬棺，我也曾用长焦拍过，不敢久拍，拍完即收——怕拍出鬼来呢。

茶马古道却是可以亲近的。我可以一屁股坐在台阶上，用手去抚摸每一道马蹄印。形态各异的马蹄印，深处足有半尺，划痕长则尺余。我仿佛听得见当年金属踩踏青石滑擦而出的刺耳噪声。那是重压之下骡马踉跄攀爬、人畜担惊受怕的险恶景象啊。我一点都不觉得好看。

就住在悬崖上的客栈，搬一张竹椅，泡一杯新茶，迷迷糊糊地看着对面的绝壁以及绝壁之上的塬地，白墙黑瓦的民居散落在树林与庄稼之间，背背篓的人影时隐时现。居然看得见狗，黑色的、白色的、灰色的、黄色的，各种土狗，欢快地走在人前人后。

小镇上的猪蹄是值得一啃的，肘子偏肥，豆腐有些清苦。最贵的是野生小河鱼，小心翼翼称了不到一斤，已是几百块。腊肉是必吃的，那种带粗毛厚皮的土猪肉，显摆在门前，乌里透金，老板依你的比画切下一块，用火烧到鼓泡、冒油并且吱吱作响，泡在热水里刮洗干净，再切成二三指宽的肉片，厚度是有诀窍的，厚了不行，薄了不行，捏起一片，对着门外照看照看，看得见手指晃动才好。

酒必须喝当地的苞谷烧。此地顺流而下不过两百里就是宜宾，几百里外就是茅台镇，被众多名酒包围着，你要是在这里不喝苞谷烧，老板就会不以为然地说：茅台多少钱一瓶？五粮液多少钱一瓶？你再看看，苞谷烧多少钱一坛？唉，是一坛啰，不是一瓶啰。你花那冤枉钱干啥子嘛！

关于吃，我的记忆中有两处描述最出色。

一个是陈忠实的《白鹿原》，黑娃初见娥儿姐，夜里有老长工故意撩拨黑娃：知道女人的舌头是啥味道不？

黑娃说：不知道。

再问：吃过腊汁肉吗？

答：吃过。

香不？

香。

老长工说：女人的舌头比腊汁肉还要香呢。

黑娃从此夜夜想着吃腊汁肉。

还有就是毕飞宇的《推拿》，一男一女两个盲人按摩师好上了。

女的说：我好看着呢。

男的问：怎么个好看法？

女的说：比红烧肉好看。

人世间的美好，比如美人、美景和美味，大抵都是相通的。

这三样，豆沙关都有。

6年前我刚到昭通时，市长不无得意地介绍：昭通美女出盐津，三步一个宋祖英，五步一个章子怡，回头一看还有一个张曼玉。

把我馋得哟。

豆沙关古称石门关，始建于隋朝，传说以前真有一尺二厚的两扇门，门一关，门杠一顶，中原和边疆两面就隔绝了。特别是在南诏叛唐后，石门关一关就是40多年，到了袁滋受命赴南诏去册封异牟寻，才重新打开。

每到将士出征，豆沙关前旌旗蔽日，战马嘶鸣，鼓角喧天，隐没在热闹之中的却是嘤嘤哭声，那送行的女人啊，此时面对的也许就是生离死别。而当战事结束，女人们早早守候在豆沙关前，有多少人能盼到自己的男人平安归来，又有多少人盼到的是肝肠寸断？

昭通地处滇东北高原，海拔多在2000米左右，气候干燥，紫外线强。地势西南高东北低，至盐津海拔已不足500米，气候类似四川盆地，空气温润。女子普遍脸小肤白，五官精致，腰身绵柔而结实。美人依水而居。豆沙关下就是白水江，沿江岸的女子尤为出色，清代曾先后7次有美女被选入宫，故石门关又有"美人关"之称。

传说中的美人关，原来在如此险绝之处！

早些年豆沙关曾经组建过一支女警队，层层筛选上来的当地美女，全副武装在街上结伴巡逻，全镇上下不过两条街道，低头不见抬头见，游人们唯恐欣赏不及，哪里还有违法犯罪的念头？

这场景，想想都美。

两年后再见市长，我突然发现接待人群中有一高挑女子，眉眼标致极了，皮肤白皙极了，言语娇柔极了，那身材、长相、气质，不知胜过多少江南女子。诧异之间，心里忍不住嘀咕：这高原上，每日紫外线照着，干风吹着，哪里养得出如此水灵的女子呢？

后来得知，此女正是豆沙关第一任女警队长，号称滇北一枝花。

张一枚，你说的豆沙关，其实是个美人关啊。

那些花一样的女警，如今都在哪里呀？

渡蓝关

李慧琴

夜色临近，豆沙关古镇内所有街巷的红灯笼都亮了，成串地、密集地挂在仿古建筑的雕梁上。

镇子被鳞次栉比的巉崖紧紧环绕在内，黑色的山体与灰色的云雾，形成一幅既严肃又随意泼洒的墨画。街道上的散户和铺子前的商户，如穿梭在另一个时空，演绎着它们扮演的角色。像少女千寻误闯的迷奇小镇，同样，有条长长的关河隔在小镇与巉崖之间，千年以前曾隔绝了与中原的交往。

豆沙关，古称石门关，曾被《蛮书》记载为："西崖亦是石壁，傍崖亦有阁路，横阔一步，斜亘三十余里，半壁架空，欹危虚险，其安梁石孔，即隋朝所凿也。"

时至今日，此地已开拓出五道并行的交通奇观——秦五尺道、关河水道、昆水公路、内昆铁路、水麻高速公路。而五尺道仅成了一个步行出入古镇的捷径和观光胜地，也有一些当地的老人，来回走动。

循着古道阶梯上凹陷的马蹄印，等待"偶遇"在落暮前正好赶到驿站的马帮队伍。他们身着褐衣，渐渐地舒展开紧张疲惫的身体，面露惬意，待寻个落脚之处，好好休整一晚再出发。仿佛我能看到，脚下一个个错乱的凹痕又被踏深了些。

往来的当地人，依然惯用方便省力的大背篓采集物品。一种是长梯形塑料大方桶做的，颜色各异，容量大概有 40 升左右，在顶部和底部分别打两个洞，穿过双肩背带，就成了一个简易版改良的背篓。另一种是篾匠用竹片编织的传统背篼，更显讲究好看。她们大多都肤色偏黑，个子瘦小，年长的妇人皮肤褶深松弛却光泽细腻，能瞧见年轻时美艳的模样。少妇们将不会走路的娃娃紧裹在背上，视为自身一体，丝毫不影响她们的灵活度和速度。

我跟着他们一路从关口游至街头，忽见一间充满年代感的木屋子，同整齐划一的水泥房格格不入。我慢慢路过敞开的大门，瞥见屋内正对大门的墙中间，挂着的一幅黑底布上绣着黄色和白色阿拉伯文的经文。

我并没发现镇上有清真寺和回民，这引起了我极大的好奇。

我多次企图向屋内探去又觉失礼。

也忘了怎么地，就跟门口不远处一个年轻的阿姐聊起天来。这位阿姐的年龄看着比我大不了几岁，性格爽朗，肤白、健谈。

她回忆起古镇以前的样子。

"那时门口铺的都是鹅卵石，看着糙，实际可美了，现在完全变了味儿。"

"可惜你们来晚了，早几年还能瞅着些老房子。"

这位阿姐肯定对"美"有着高度的感知能力。这种感知，一半来自血液，一半来自童年烙下的美好印记，是情怀赋予的。

她告诉我，她姓马，1973 年生，土生土长的本地人。

傅舰军说豆沙关是个美人关。我以为那只是古时流传下来的一段宣扬的佳话，其实，在这常年气候湿润的灵秀之地，养育着一群灵美之人，那也是情理之中的事。

眼前这位阿姐和之前遇见的那些妇人又美得不一样，阿姐靠近现代审美一些，看着至少年轻十岁，她大女儿都已经二十多岁了。

愣神之时，我想起了刚刚那户回民的房子，问她认不认得。

她兴奋地指着说那就是她家，她引我进门厅。突然到来的陌生面孔，使屋内的人停止了交谈，先是诧异地看向我，随后开始热情地招呼我们。

马老爷子是阿姐的父亲，侧对门口坐在一张小靠背椅上。不管聊到什么，始终乐呵呵的，看着不像八十多岁，身穿一件藏蓝色衬衣，外罩一件铜色夹克，头戴顶军绿色八角帽。老爷子个高而不消瘦，面色红润，精神抖擞得像个年轻小伙，思维清晰，语速不紧不慢。老爷子只会说我听不太懂的方言，总是要阿姐翻译才能明白。背对街边坐着的两位妇人，分别是阿姐的母亲和大姐，相对显得含蓄内秀多了。阿姐的性格更像父亲，阿姐在八个兄弟姊妹中排行老六。

我看到的那幅阿文十字绣是八妹在 2006 年地震后绣的。那次地震镇上所有房屋不同程度地损毁，这屋子全是木头搭建，经历过三次地震都没塌，只是开了些大小不一的"丝"。

老爷子说："以前没得钱，不敢修平房，灾后政府补助了一些，才在后院新建了三间水泥平房。政府要把老街统一翻新，不赞同我们家拆旧盖新，说要保留镇上一些原来的东西，那些老房子，比我们家好看的还有。

"我们老马家祖籍原在贵州威宁，十多岁时，父亲便带着我到盐津县开马店。1973 年全家迁至豆沙镇后，买了一匹马，开始跑邮政，一个月工资挣二十来块钱。那时，只有我们这一条街，出入必须经过石门关，不是步行就是骑马，街道尽头被大山封了路。

"以前开马店的大多是回民，互帮互助，团结得很，现在镇上只剩我们一家回民。我俩年纪大了，在这山里生活惯了。搬到山下生活的娃娃们，也会时常回来看看。好在大闺女在豆沙镇政府上班，离得近。她十六岁那年，政府要招个回族岗位，就去了，一干就干到现在嘞。"

老爷子除了不吃外来食物和大肉，与镇上其他汉族好像并无不同。他虽然不认得墙上那几个阿拉伯文具体写的是什么，但知道是真主保佑的意思。

老爷子说完，我问阿姐有没有前几年拍的照片，阿姐遗憾地告诉我，现在这个手机里没有了，之前有看过一个很老的视频。她就开始不停地翻动着手机。

老爷子聊得兴起，又跟我说起古镇上流传的一桩桩奇事。如哪个大庙烧了三天三夜没烧完；哪个菩萨是水滴自然形成的；哪个庙里养的鸡只啄坏人；僰人悬棺弄下来又弄上去，那脚杆子和牙齿又白又长……我用力地倾听老爷子述说的这些故事，只是方言太重，时而听明白了时而又没听懂。断断续续，不加赘述。

一小会儿，阿姐把手机递给我，给我看那个视频。

视频以介绍五尺道的险峻地形开始，是 20 世纪 90 年代初台剧的画面感，繁体字幕，旁白有一丝台湾口音和腔调，这似乎是从台湾同胞拍摄的某个纪录片里剪辑下来的一小段有关豆沙关古镇的实录。太难得了，太珍贵了，我百感交集地期待看到古镇的身影，看到已经消逝了的古朴风情。

画面出现一条土路，能望到底的巷子这头，除了白茫茫一片，什么也看不到，宛如空中驿站中的小场景。路的两边依次连着一排破旧的木房子，介绍里说这是一片老街区。房子门口摆着各式小摊，有炸土豆的、卖凉粉的、卖袜子的、卖大米的，等等，吃穿用度应有尽有。镜头扫过几片交易区，还是在街道铺边，往来旅客商贾不绝，人头攒动，对于那个年代来说，繁荣的景象比城市中心有过之而无不及。如果不是一样的民俗风情和满街的背篼，真不敢相信这是地处山险中的一个小镇。

视频中，豆沙关工作人员打开了五尺道旁被凉亭保护起来的《袁滋题记摩崖石刻》真迹，我的心情如南诏国再次归唐一般，激动不已。因为古迹不对外开放，只能观摩拓本，少了些真实感。

视频最后，那个台湾记者也加入买卖的队伍里询价问物，他看到一堆摆成一排外形极似红薯又非红薯的物种时问："这是什么？"

"天麻，新鲜的野生天麻。"农夫回答道。

昭通天麻以彝良小草坝最为优质和盛产，除非是本地人，不然根本吃不到新鲜天麻。那时候没有先进的手段，人们要冒生命危险才能挖到，再扛来卖，实属不易。那摊子上的天麻长得大小不一，没有匀称的外形，丑得各有特点。如今小草坝的天麻交易市场，产量和交易量是当年的几十、上百倍，个个饱满好看，还按外形的大小分了等级。

虽是短短 4 分 30 秒的剪辑，已让我对豆沙关和豆沙镇的村民多了一份宝贵的记忆。天完全黑了，我与老爷子一家告别，感谢他们不介意我的打扰，并给予我这个陌生人诚挚的热情。

回旅馆途中，再次路过"老马店客栈"时，想起了阿姐告诉我的"老马店从戏台变成村公所，又变回老马店客栈"。如果这个戏台还在，今夜是否会来一曲《渡蓝关》？

大　关　　水　富

大关

境内山峦重叠。

位于昭通市的腹心地带，境内山脉属乌蒙山系和五莲峰山系。
境内河流统属金沙江流域水系。

水富

金沙江、横江、长江三江交汇之处，南接乌蒙山麓末端。

秦汉时，水富境内为僰人生活区域。

水富港是云南第一大港。

罗汉坝：来自森林的召唤

杨碧薇

一

清晨，在一袭零星细雨中，汽车缓缓驶出大关城，一路往北而去。没走多久，天放晴了。在这云贵高原的寂静地带，一路山脉挺拔秀丽，缠在山腰上的岚霭还未散开，白云已迫不及待地挂上了山尖。越走越清新，越走越开阔，同行的作协主席张兰女士说，我选对了日子，这好天气可真适合出行。

要不是因为罗汉坝在前头等着我，我都想一路走走停停，不急于赶路了。云南就是这样一个神奇的地方：但你每次看它们，总会觉得与之前不同。似乎有一种看不见的力量，在持续地滋养着它们，使其不断焕发出新的生命力。

一边看着连绵不绝的群山，一边向往着未知的迷宫，阳光从车窗外射进来，身上暖洋洋的，思想也暖洋洋的。也不知行了多久，汽车一铆劲，开始上坡了。

现在我们是真正进入了大山里，一片深沉的寂静。风一吹，我似乎能听见大山的骨骼在揉动的声音。司机就是大关本地人，开起车来轻车熟路，但我毕竟太久没走过山路了，心里还是捏着一把汗，也无暇欣赏路边的风景。这时，随着海拔渐增，我们明显感觉到温度在降低。幸好我有所准备，昨晚在姑妈家借了表姐的厚外套，现在我把围巾也裹上了，这身装备刚好可以抵御山里的寒气。

我有一位黑管过了十级的朋友，脂肪肝博士后吴辰。他曾对我说，小时候，在电视上听到交响乐演奏，一下子就被黑管给迷住了。"因为黑管的声音让我想到了森林。我指着电视屏幕对我爸说，爸爸，我要学吹这个！"

进入罗汉坝时，我想起吴辰的这段话。"森林"，一个属于远方的、满身诱惑力的词汇！更何况是不为外人知的原始森林！说实话，我还从没到过原始森林。我去过一些被冠以"森林公园"名称的旅游景点，其实它们都已被过度开发了，不论是树木还是花卉，都被规划得井井有条，多了不少人工的痕迹，少了几分天然之美。而且一路上都是扎堆的人群、琳琅的商店，你想要的静谧根本没有，更不用谈昂贵的诗意。

我早就厌倦了那种所谓的"森林"。在我印象中，森林可不仅仅是黑管，它让我想起小时候读过的欧洲童话——总是有一些木匠或樵夫居住在森林中，他们有聪明过人的儿子，这些儿子将来要成大事，等年纪大了，就告老还乡。森林还是不如意的公主、法力无边的妖魔、卡尔维诺笔下的男爵的居住地。当然，安吉丽娜·朱莉主演的电影《沉睡魔咒》我怎能不想起呢？还有糕点店里撒满了巧克力碎末的蛋糕"Schwarzwaelder"（黑森林）……现在，真正的森林就在身边！

汽车在一条道旁停了下来。协警说："再往里走，就没法开车了。我带大家步行吧！"我真是求之不得，为了今天的远足，我早就穿上了登山鞋。在他的带领下，我们朝一片看似并不起眼的树林里走去。

羊肠小径将树林延伸至远方，前方的山头里有没有山神或仙女？由于无人清扫，地面还铺着去年秋天的落叶，这样的景致，让我想起了美国的自然诗篇。我紧紧跟在协警后面，他告诉我，他在这里工作两年了，每天都要往林子里跑跑。"那冬天呢？下雪时你也跑？"我实在很好奇，这地方海拔两千米左右，又人迹罕至，一旦下起雪，积雪是很难融化的。不动脑子都能想到，到那个时候，森林里的土路会非常难走。出乎我意料，他淡然地回答说："照常跑啊！下了雪也跑。路是难走，花费的时间也比平时多。但我习惯了。不来看看，我又不放心。"看着这个年纪还没有我大的半大孩子，想象着他日常的工作和在森林里留下的每一个脚印，我由衷地佩服他的敬业精神。

张兰女士不愧是下乡锻炼过的好手，虽然清晨刚下过雨，土地还有些泥泞打滑，但这点不便对她来说根本算不了什么。她很快就敏捷地跟了上来，对我说："要是运气好的话，你还能看到花。上次我来时，漫山遍野都是花！"一听到可能有花，我对前方的路更加向往了，恨不得蹬上风火轮，日行万里地把这片森林踏个遍。但森林的魅力就在于此：它不会向你全然敞开自己，闪光的钻石都散落在它那迂回掩映的褶皱里，你必须要有足够的耐心才能探索它的美丽。那种付出了心力与时间来收获的美，哪怕只是看一眼，也足够让你赞叹并欣慰。

我小心地绕过地面的泥坑，从一块块小石头上稳稳踏过，跟着协警继续前行。前方，一树白雪袅袅摇曳，仿佛仙子轻舞缟袂，翩若惊鸿空降于林中。在这深山之中，那冰肌玉骨，分明有超然淡泊、遗世独立的风姿。我被这树飞雪吸引住了，它比城市里那些景观树不知美了多少倍！我急匆匆地蹦到树下，抬头细看，只见那白中有玉，玉中凝脂，沉静而不滞重，灵动而不轻佻。"静夜沉沉，浮光霭霭，冷浸溶溶月。人间天上，烂银霞照通彻"说的莫过于此景！张兰女士在一旁说："你运气太好了。这就是野李子花。我都以为谢完了呢，没想到这株还没谢！"

我赶紧拍下了这片飞雪。张兰女士告诉我，她曾在罗汉坝吃到过野李子。野李子比普通李子小一些，口感有点涩。这里的水果天然无害，尽管放心吃。但现在远不到野李子成熟的季节，我只能先一饱眼福。走着走着，又见一团粉云，像是从宫崎骏的卡通片里摘下来的，简直要柔化了心扉。山上温度低，故而花期比山下迟，我这次来，正赶上个别傲娇的花树还舍不得轻易凋谢。这株野桃树并不高，花瓣颜色比外面的桃花要浅很多，仿佛宣纸一挥，一抹浅浅的粉就在纸上悄然晕开。在阳光下，野桃花的花瓣显得有些单薄，幸好有夹杂其间的嫩绿叶片，低调地强调着这棵树的生命力。在这片森林里，这些默默无闻的野李子花、野桃花是怎样地花开花谢，落叶结果？它们的一生朴实而平淡，始终伴随着淡淡的馨香。这个祖祖辈辈周而复始的过程，是否会让它们心有不甘呢？若是安于此生，那般云淡风轻，倒真是值得我羡慕。什么时候，我才能放下执念，自证清心呢？

越往里面走，树木种类越多，我几乎都叫不上名字。森林的色彩也更加丰富了：脚边是一丛紫红色的花树；再往前，新绿与嫩黄交杂；再往前，墨绿之间站着几束金黄；再往前是青色的山峰；山峰背后是淡蓝色的天。真真是一张天然的水粉画明信片！我想起《红楼梦》里的《黄金莺巧结梅花络》，莺儿所说的配色技巧，正可以通过我眼前之景来印证。

林间空气清新，似有无数的小精灵扇动着翅膀在运输氧气。太阳越升越高，在阳光照耀下，远山闪着琳琅的光。我真想继续前行，一探这迷宫的究竟，无奈王老师说时间有限，我们还得去下一处景点。我只能遗憾地原路返回，路上，见蕨类植物投射到石板上的影子精美可喜，忍不住又拍了两张照。

二

"水是眼波横，山是眉峰聚"，这不只是以山水比人，在我看来，也体现了山水的本质：一方绝妙山水，必定带有人性。在罗汉坝也是这样的，光有植物还不够，须得有水，森林才会灵动起来、婉转起来。碧柔润泽的杜鹃湖，就是罗汉坝的眼睛，它盈盈一转，大山就充满了侠骨柔肠。

听说以前有人为了一睹杜鹃湖的风采，不惜跋山涉水，舟车劳顿；因为道阻且险，无法当天返回，还须得在此地搭帐篷居住，顶住寒冷的考验，并面对随时都可能出现的野兽的袭击。杜鹃湖的吸引力可见一斑。现在情况好得多了，杜鹃湖的一侧就是水泥路，可行车，可步行。难得的是，这一带的自然生态并没有因此遭到破坏，环湖的植被一如往昔，湖水照样清亮亮的、笑盈盈的。在中国的自然景区，水质这么好的，恐怕也并不多吧。我去过滇池、西湖、太湖……水质都让人大失所望，那么相比起来，杜鹃湖确实是给我惊喜的。

沿着水泥路一直往前走，来到一处正在搭建中的观景台。观景台并不大，但面对着湖面，视线开阔，这个角度让我回想起在印尼的蓝梦岛（Lembongan）上经历的一幕：我们爬上观景台，下面是红顶白墙的村镇，掩映在成片成片的热带植物之间。小村旁边就是清澈见底的海水，船行在海上，能看见倒影。同行的驴友们都被这美景惊讶得尖叫。这就是所谓的"惊艳"了吧。比起明艳奔放的热带风情来说，杜鹃湖多了几分素淡与内敛。我爬上尚未成形的观景台，眼前是一个别致的湖中湖。有白石环抱起来，形成一个凹槽，凹槽里盛满碧色湖水。在石头的外沿，点缀着一些参差有致的小树，它们的影子倒映在小湖中。这些树形成一道天然的屏风，屏风的外面，就是杜鹃湖了。两潭湖水颜色各异，小湖偏绿，大湖偏青；气质也各异，小湖活泼，大湖静谧。我想，两湖之间，也相看两不厌吧。不知名的野花，不经意地开放在湖边，懒懒地装点着湖中湖。有趣的是，小湖中还有一块袖珍的"烟渚"，上面竟也长着一丛丛的小草，像是微缩的园林景观。

继续往前走，对岸的坡地、林木清新欲滴。这里的植被"不忘初心"，较之外地那些精心打造的环湖植被来说，有一种别样的生机。王孝林老师告诉我，目前水泥路也就修了这一段，能过到湖的那一面的人少之甚少。我想想，这样也好，游客方便行走的空间已经得到了保障，杜鹃湖的环境也不致遭到破坏。

一边走，我一边猜想着杜鹃湖的深处有什么。小时候，多少次在照片上看见过杜鹃湖，一丛丛蓬勃的野花中，它愈发显得灿烂静美。现在它就在眼前，近得我可以凝神听见它轻轻的呼吸，看见湖边草尖上的露珠、叶片上的脉络。可是，我总觉得它还掩藏着什么，在它的衣袖中，可能有无限的珠宝，可能只有跨过千年的一声叹息。但究竟是什么，我竟不得而知。你看，它那清亮的眸子分明在凝视你，当你想同样地回视时，它为何又垂下眼睑，欲说还休？

漫步在这神秘的杜鹃湖边，我有些怅然若失：在这世间，并不是所有事物都愿意对你坦诚的，它有它的法则，有权利按照自己的活法生活；有些门你永远敲不开，有些笑声，你永远只能在墙外听见。我同时又有些庆幸：杜鹃湖本能地开启了自我保护的功能，没有半分迟疑、矫揉与顾忌。其实，谁会希望那份洁白沾染上半点风尘呢？正是因为不敞开，我反而更察觉到它的珍贵。

一排小清新风的房屋顺势而建，蜿蜒在湖边。我们准备到那边的坡地上去休息休息。走到草地上时，只见地面有一团一团的黑色印迹，同行的刘培勇先生告诉我，以前会有一些游客到这里烧烤，一边大快朵颐，一边饱览杜鹃湖盛景。那肯定是心旷神怡的人间美事。我给刘先生说，以前我在海口时，也曾和友人一起去假日海滩烧烤，海边本来就很湿热，炭火的气焰更是让人酷热难当。但眼前的蓝天、白云、大海又令人恋恋不舍。确实，我一直认为烧烤之类的活动，重要的是与哪些人一起，如果都是志同道合的友人，那过程必将是愉快而难忘的。刘先生表示赞同，我们又零零散散地聊了一些文学上的话题。和风一阵阵吹来，带着森林特有的清爽气息，金色的光泽在杜鹃湖的镜面上闪耀。要是此刻在这儿烧烤，恐怕我的注意力都会被美景吸引去，无心关注美食。

我唯一担心的就是环境被污染。万一有的游客素质不高，将烧烤的垃圾就地丢弃，后续的清理工作会很费劲。还好，我左看右看，并不见垃圾的影子。想必游客们也被杜鹃湖的美所感动，舍不得糟蹋它。刘先生也说："是啊，这么好的环境，谁忍心去破坏呢？"

我们又往林中走去，爬过一段泄洪渠，来到一座小桥上。两岸茂盛的野菜花，如一团团金色祥云，将小桥烘托起来。桥下，潺潺流水被人工栅栏截成一道瀑布，缓和了心劲儿，从容地朝山下流去。时间不早啦，我们也该原路返回了。回去的路上，我走到杜鹃湖岸边，蹲下身来，只见水纹清清，许多蝌蚪正在水草里嬉戏。这时太阳也升高了，细细的汗爬上了我的脖子。看着阳光下波光闪耀的湖水、水里自在嬉戏的蝌蚪，一种莫名的向往拨弄起轻快的和弦，在我心里歌唱，关于未来、关于远方，少年时期那种无所畏惧的感觉又回来了……现在很适合听一听李健的歌吧："当春风掠过山岗，依然能感觉寒冷，却无法阻挡对温暖的向往……"

三

　　汽车朝山下开去。在许多拐弯处，山坳张开口，只见蓝天之下是白云，白云下面是绿色的山野，一层层的，颜色分外鲜明。对了，还有无处不在的梯田、袖珍又顽强的村庄！神奇的罗汉坝呀，你究竟还有多少美景藏在大山深处？

　　正是午后，经过一个上午的活动，大家都有点困了，有人开始打盹。我也以为回去的路上不会再有别的安排，已做好准备，打算一路观看大山。这时，王孝林老师突然说，他想顺路去看一位多年不见的朋友。按照他的提示，司机在汤家坪把车停了下来。就在离寨口不远的地方，住着王老师的一位老朋友杨先明。二十多年前，王老师为了写一个报道，来到这里采风，结识了老杨，度过了一段难忘的时光。后来他把这段经历写进了散文《夜宿苗岭》里。

　　这是一个普通的苗家院落，一头是大门，三面是房屋。其中一头的房屋是木质构造，另两头的都是砖楼。居于正中的砖楼，顶上盖着齐整的瓦片，二楼有个木质阳台，上面挂满了整束整束的玉米棒。阳台下，竹背篓、竹簸箕、竹凳一一立在墙根。院子里，几只毛茸茸的小鸡正在觅食、散步，叫得叽叽喳喳的。要说这个院子和别家有什么不同，那就是挂在白墙上的一面大大的蓝底横幅，上面写着"云南省省级非物质文化遗产保护项目：苗族芦笙舞传承点"。

老杨正在院子里劳动，一见到王老师，马上就认出来了。他很意外，也很高兴，一面擦手，一面忙不迭地把我们迎进屋去。我跟在后面，在院子里拍了几张照。进到堂屋里时，老杨已经把天麻酒倒上了。在汉族人家，客人来了，通常都是茶水招待，但这里是苗族人家，我们也不客气，坐下来接住便喝。一边喝，一边听王老师和老杨叨家常。王老师问："老杨啊，现在还做芦笙吗？""做啊，年年都做。还带了一些学生，教他们吹芦笙。"王老师又问："这些年都还好吗？""娃娃们都大了，儿子外出打工，姑娘嫁人了。"王老师说："那年下午在你家吃饭，菜好多哦！你家媳妇不断地往我碗里加菜，我爬上楼梯躲起，都被她拉了下来。你看，这楼梯还在！"老杨也笑着说："是啊，都多少年了。你还是一点没变，还那么年轻！""你也是！""这些年，我心头一直记挂着你呵！""一样一样。今天路过这儿，我就在想，一定要来看看你！"王老师还问到了老杨家的羊角，说上次来这里喝到了羊角酒。我这才知道，罗汉坝一带的苗家人待客时，会用土碗给客人倒酒喝；更重大的活动上，还要把酒盛在羊角里给客人喝。听着他们一言一语地聊天，我不禁生出一种感动：有的情谊是持续一生的，即使大家不常见面，也很少联系，但这并不代表忘却；下一次见面，还是能坐到一起，把酒言欢。

老杨留我们吃晚饭，但我们还急着赶路，只能遗憾地告辞。临别前，我们在院子里和老杨合影留念。

四

读列维－斯特劳斯《忧郁的热带》时，我常常沉迷于他的旅行经历。巴西、印度、海上的航行……那些经历不只是充满了异域风情，还充满冒险与想象，更重要的是，它带给人思考和启迪。我斗胆总结：如果不是因为有常年纵横四海的经历，列维－斯特劳斯就写不出《忧郁的热带》这样的人类学经典著作，世界上也不会有结构主义。我想要的正是这样的旅行，它真实、自然、开阔，充满意外的考验与惊喜。即使这段旅行已经过去了很久，你回想起来，它还是会鲜活如初，并使你生出新的想法。

此时此刻，在北京初冬的夜里，关于罗汉坝的一点一滴从我键盘下涌出，如涓涓细流一般，叮当有回声。即使相隔千里，我仍能感觉到，罗汉坝，那个神秘的能量场在释放出源源不断的魅力，向我召唤。这样的夜晚，那片隐秘的森林会是什么样呢？它是沉睡了，还是在暗中酝酿着一场午夜的舞会？飞雪、银杏、珙桐、雪松啊，都动起来吧。我需要一场律动，我真想再回去看看……

水富楼坝

唐永松

一

　　从中嘴出发，沿横江河逆流而上，一路蜿蜒而行，大约 20 公里处，有一个集镇。驻足这里，内心哐当一声，猛地愣怔，哎，这个集镇我该怎么书写呢？是写楼坝镇？还是写向家坝镇？1981 年水富撤区建县的时候，水东水河两大公社合并为一个区——楼坝区。区政府所在地也就在楼坝。此区不同先前的水富区，有天壤之别，水富区是县级，而楼坝区是乡镇级。后来，楼坝区一路风骚，一路改换，1988 年叫楼坝乡，1997 年叫楼坝镇，2006 年与云富镇合并，叫向家坝镇。再后来，不知道什么原因，到 2012 年向家坝镇又一分为二，两个镇各自恢复当初的建制和区域，但恢复后的楼坝镇不再称呼楼坝镇了，而叫向家坝镇。这样彻头彻尾地改换，像我一样出生在楼坝生产队和楼坝镇的人霎时迷惘。比如，在填写籍贯或邮局写书信的时候，以前还可以写原籍：四川省宜宾县横江区水河公社楼坝生产队二组。1974 年后写为：云南省水富县楼坝乡（镇）

楼坝生产队二组。可现在却要写为：云南省水富市向家坝镇迎新社区二组。连楼坝生产队也改换为迎新社区。这种改变真的还有些难以适应。不过，一个地方取名换姓，这是地方行政上的考虑和需要，我们不能妄自评判和擅自臧否。

二

楼子口，矗立在楼坝圆弧形的河坎中间，如今倒成了楼坝独有的风景和标志。与楼子口相连在一起的还有拜台、83级石阶和老街。因为城镇建设，老街没有了。楼子口、83级石阶和拜台依然纹丝不动地屹立在河坎边上，相伴着横江河，眺望着横江镇，也见证了楼坝和横江的沧桑历史与风雨巨变。

几年前，楼子口彻彻底底焕然一新，毕竟是木料和竹篾组合成的庙楼，经历了上百年的风风雨雨，难以承载沉重的岁月。

楼子口的修建，初衷就是为造福楼坝及楼坝周围的百姓。据说，建楼之前，楼坝及楼坝周围的百姓非常贫穷，无论怎样努力，都没有多大起色。于是楼坝及楼坝周围的百姓请了一个阴阳先生看看风水，到底是咋回事。这位阴阳先生在楼坝和楼坝周围转了三天，然后点拨道，是横江集镇后面有一座山，像一只飞扑过河的老虎，正虎视眈眈地瞪着楼坝。老虎要吃人啊！吃不了人也要糟蹋庄稼什么的。"遭遇这样的老虎，你想不贫穷都难！"阴阳先生微闭着双眼，一上一下捋着一尺来长的白胡须慢悠悠地叹气道。围观的百姓怯生生地问道："那怎么办？"

"楼坝的河坎形似一张弓，背后山脚一线近似一根弦，那么在弓上搭一支箭，射向老虎，不就解决了？"

"请先生明示。"

"就在对准老虎的河坎上修建一座楼、一道石阶、一个台，也方便你们渡河乘船上上下下。"

楼坝及楼坝周围的百姓相信了阴阳先生所说的话，就集资修建了拜台、83级石阶和庙楼（楼子口）。拜台为箭镞，83级石阶为箭杆，楼子口就是把握重心的箭尾。说来也真奇怪，自从修建了拜台、石阶和楼子口，楼坝及楼坝周围的百姓还真的渐渐走出了贫困。那块巴掌厚、高约2米、宽1米左右记录楼坝及楼坝周围百姓捐资数目和姓名的石碑，今天抢救性地保存在楼子口内。先前一直放置在拜台边那棵高大茂密的黄葛树下面，经历一百多年阳光照射和风雨剥蚀，石碑上面的文字早已模糊不清。

楼子口属于歇山式三层建筑，一层中间为通道，前连83级石阶，后通老街，赶集的群众就从这里经过。在有雨和大太阳的天气里还可以在这里避避雨躲躲太阳。两边是相当逼仄的房间，不知当年作何用途。二三楼为住宿场所，从面向横江河左面的那间逼仄的房间内有楼梯上二楼三楼。解放前一直是几个尼姑住在这里做香蜡钱纸卖，以维持生计和维护庙楼。解放后不知去向，大约还俗了吧。解放后，楼子口收归供销社管理，供销社又分配给一户姓谢的职工，居住在稍稍宽敞的右边，一位五保户住在较为逼仄的左边。姓谢的人家又在这里开店做裁缝，成为楼坝第一家也是唯一一家裁缝店。那些年楼坝及楼坝周围群众所穿的衣物大都出自谢家裁缝店。

楼子口还是川滇茶马古道的起始点。四川的煤油、布匹、针线、盐巴等，通过水运到横江屯集，再转运过河，在楼子口整装完毕，然后由马驮着向昭通、宣威进发。宣威、昭通的火腿、茶叶、桐油、铜、铁、银等也是通过这条茶马古道，落脚楼子口，再装运横江，最后水运到宜宾。

三

　　楼坝，一块宁静的渊薮之地。遭遇过诸葛亮智取蛮夷、朱元璋诛杀无辜蛮人、张献忠剿四川等历史事件，当时属于戎州管辖的楼坝遭受了同样的苦难与劫掠。传说当年诸葛亮率领军队来到戎州，看到蛮人身材高大，力大无穷，行走如飞，攀登悬崖如履平地，于是想到和蛮人硬拼硬打，怕是吃不住。再者，杀敌三千，自损八百，这是免不了的。还有，刀兵相见，血流成河，那是无奈的下策。智取对手才是上上策。当时诸葛亮的军队驻扎在宜宾合江门对面的白塔山上，蛮人在南岸和现在的老城区。已是进入深秋的季节，每天清晨，或是傍晚，在霜雾或浓或淡的时候，诸葛亮就让士兵担着黄桶大的水桶在长江边岷江边上上下下来来回回地挑水。对岸的蛮人透过或厚或薄的霜雾隐隐约约地看见这些矮小的士兵，吓得大吃一惊，惊赞道，这简直就是神力！蛮人头领想到这支军队有如此大的神力，怕是打不赢，于是派人过江来谈判，划江而治，互不侵犯。诸葛亮借坡下驴，顺势答应，不过，提出一个条件，就是诸葛亮命人射出一支箭，箭落哪里，蛮人就退到那里，以便自己回京有个交代。蛮人头领心想，一支箭能射多远！就算是神力，三五公里就不得了，难道还射得到八公里，十公里？于是二话没说，同意了。到约定那天，诸葛亮同样选择在霜雾雾雾的上午，双方站在江边，诸葛亮命令士兵向西猛地射出一箭，然后蛮人头领的士兵和诸葛亮的士兵一起沿着岷江河一路向西寻找。找了几个月，结果在西昌那边找到这支箭。这支箭怎么会射这么远？蛮人头领难以想象。但事实摆在眼前，君子一言，驷马难追，蛮人头领只得兑现承诺，将自己的部落灰溜溜地迁到西昌那边定居，戎州空无一人。川南也就安定无事，诸葛亮也就放下心来，然后班师回京。现今江北的白塔山

175

旁边还留有丞相祠和点将台，就是有力的证明。

另一个传说是朱元璋为稳定自己的江山，对川南也就是戎州这片土地上的蛮人进行无理由地诛杀。蛮人，被杀的被杀，逃跑的逃跑，戎州，荒无人烟，楼坝也荒无人烟。20世纪70年代，在楼坝棺山坡出现大量蛮人的坟墓群，这是事实。可惜当时无知的群众不知道古墓的价值，也不懂得保护，就在嘻嘻哈哈中随随便便毁坏，开垦，用作耕地，只为多收几粒麦子或是苞谷填饱肚子。记得当时看到挖出来的那些相当长的腿骨臂骨，我还惊疑道，这些死人骨头咋那么长？年龄比我大的成年人告诉我说："这是蛮人，我们生活的这片土地以前是蛮人居住，他们身材高大得很，比我们汉人高好几十厘米，基本是2米左右的个子。后来是灭亡了，还是怎么消失的，不知道，考查不出来了。"

再一个就是一提起四川人就泪流满面的往事——张献忠剿四川，当时四川人所剩无几，包括偏隅一角的楼坝。于是大约在清朝康熙年间，大量的湖南人、湖北人、广东人迁入四川，这就是历史上著名的"湖广上川"大迁徙。近十来年，生活在四川土地上的好些族姓的人到湖南、湖北、广东去考究祖上的来历，并认祖归宗。

第一个到荒无人烟的楼坝来开拓的是一户邓姓人家，几乎占完了整个楼坝的土地，在坝中间建有邓家四合院，上坝建有邓家祠堂。后来，邓家衰落，才有邱氏家族、肖司令官家族、朱光德家族。几大豪族在楼坝购置土地，建造房屋。邱氏家族大院就紧挨着邓家祠堂。前几年，因城镇建设，邓家四合院等古建筑拆迁，唯有上坝的邓家祠堂和邱氏家族大院依旧还在。这是楼坝仅存的原始古庙和古宅大院。经历百年风风雨雨，古庙和古宅大院早已破破烂烂，欲倒不倒，歪歪斜斜靠在那里，等待岁月，等待未知。

四

邓家祠堂坐落在迎新社区（原楼子坝）上坝，现在的农贸市场右侧后面。

邓家祠堂是一幢独立的两层重檐歇檐式阁楼，青瓦木柱，木板墙体，或篾条糊泥巴与稻草的墙面。青瓦有一尺来长，两掌宽，两指厚。曾经，四个角的每一个翘檐上都有一个欲展翅高飞的仙鹤。房顶正中间竖立一个铜菩萨，至今还在。只是经过时间的沉淀和风雨的侵蚀，外表早已剥落。现在的二楼完全破烂，一眼望去，除了木柱，四壁空空。

邓家祠堂总共的面积大约有三百多平方米，正前面外观是常见的"凹"字形。祠堂门前是一个小院坝。以前铺的是石板，后来因为年深日久，石板遭到时间和风雨的腐蚀，以及人为的损坏，到20世纪90年代的时候破烂得非常严重，居住在这里的人就改成了水泥坝子。

解放前，邓家祠堂由几个尼姑居住，并做香蜡钱纸卖，以此维持生计和维护祠堂。祠堂门口是一条赶场大路，以前大田坝、张滩坝、凉坝、大池、累官员、新滩，及两碗那些苗族到横江赶集都要从这里经过。这条赶场大路一直到20世纪70年代末有了"盐水公路"后才萎缩和消失。解放后，邓家祠堂收归新中国政府所有。后来再分配给三户贫下中农居住：郑家居住祠堂的正中堂屋；王家居住右首；苏家居住左边。一直到今天。

据楼子坝老一辈人说，"湖广上川"之前，楼子坝荒无人烟。是一户姓邓的人家最早来到楼子坝居住，房屋就建在楼子坝中间，称为"坝中间"。邓家先祖经过几辈人的勤劳努力，家族兴旺发达，然后就在上坝修建祠堂，以显赫家族和光宗耀祖。但后来邓氏家族后人因吃鸦片和赌博走向破落和衰败，变卖了楼子坝很多田地和财产。

邓家从兴旺到衰败，祠堂也在解放前由尼姑居住，这中间经过了多少曲折不得而知，因为没有记载。

邓家祠堂和邓家先祖居住地，一个在上坝，一个在坝中间。中间曲里拐弯，相差五六里的田地。邓家先祖为什么舍近求远，在那么远的土地上修建祠堂？还是因为没有记载，后人无从知晓。

1974年4月楼子坝从四川横江划归云南水富管辖后，政府管理的仅有的一些资料，在交接的时候遗失了，以至今天没有任何证据查证邓家祠堂任何蛛丝马迹。也没见邓氏家族后人端出族谱确认邓家祠堂建于何时，因何修建，如何变更，等等。于是，邓家祠堂的历史成了一个谜团。

据居住在这里的91岁的郑氏林老太太回忆说，她小时候在横江长大，就知道邓家祠堂。后来结婚在楼子坝，又分得邓家祠堂正屋，就一直生活在这里，从没挪动过，有80多年了。

从邓家祠堂仅存的原始物件，以及见证人的亲口叙述来看，邓家祠堂至少有两百年以上的历史。

目前，邓家祠堂经过两百多年的风风雨雨，已破烂不堪。居住在这里的三户人家说，以前他们每隔两三年就要自行维修一次，底楼的墙体完全靠现代的砖头支撑，否则早就坍塌了。二楼连人都不敢走上去，怕腐朽的木板断裂。左边苏家分得的三分之一房屋则完全坍塌，然后又建了一小幢独立的砖木房子，与祠堂很不相配。中间郑家和右首王家，依然将就支撑着这个欲倒不倒的邓家祠堂。

第三卷

彝　　良

彝良

位于云、贵、川三省接合部的乌蒙山区。

彝良辖角奎、牛街、洛泽河、海子、钟鸣、小草坝等 10 个镇和 5 个少数民族乡。

境内有洛泽河、白水江和田黄河三大流域。

彝良啊彝良

舒婷

走读《南行记》

插队期间读到艾芜的《南行记》，真是爱不释手。也曾经不知天高地厚地在心里暗暗发誓，将来一定要写一本像《南行记》那样的书，为我的同代人作证。迄今为止，书倒是出了几本，越是写得多，越是明白自己的天分与之相去甚远，不能望其项背。

终于有机会走一趟彝良，也算是平生所愿。

素有"锁钥南滇，咽喉西蜀"之称的昭通，距离昆明市只有430公里。云南诗人雷平阳指着烟雨苍茫的山谷对我说：艾芜曾经在这一带神秘地消失了两个月。谁也不知道他去了哪里，究竟发生过什么事。他子然一身而去的茶马古道，现在有一半变成高速公路。

从昭通再到彝良，70公里的盘山道，汽车却踽踽了三个半小时。

三个多小时的险象环生，何止提心吊胆、冷汗透背？血液的变速与跌宕，刺激得你，简直欲生欲死。每一个急转弯，都有大张旗鼓的黑色提示："险！险！险！"沿途不绝的是触目惊心的标志，比如"落石坡"，果然车顶上乒乓轰隆一阵暴响，幸亏只是些泥沙；还有像"前面长坡""检查刹车"这些让人心惊肉跳的警示牌。经验丰富的山里司机都知道连续的下坡不能全程踩紧刹车板，否则很快就不灵了，那就需要及时出现的"减速带"。那种斜岔出去的半截上坡路，我还是第一次见到。隔几公里就矗着醒目广告"吊车服务"！那是为路边翻车做诠释。司空见惯的司机蹲在朝天的轮胎上吃盒饭，打盹，吆牌，等待救援。

雾蒙蒙而雨淋淋，两车交会时一轮空转三轮怪响一点不夸张。偏偏迎面而来的是庞然大物集装箱车。山里的物流全靠这些巨无霸，过度的超载使它们吭哧吭哧、摇摇晃晃、岌岌可危，在悬崖边上赖着不走，因为它也害怕。相差分厘侥幸擦边而过，双方司机虽是老相识，连眼神都不敢错一错，打个招呼什么的。

我坐车头，与司机共呼吸，自是紧张得眼球儿暴出来。回头一看，后面歪歪倒倒没心没肺睡了一车。

"脚力尽时山更好"，就算在现代旅游里，仍是颠扑不破的真理。车子进入彝良盆地，抒情的序曲便开始了。竹林、梯田、炊烟、流水；牵着牛的孩童；背着竹篓的村姑；兴奋的狗儿，以及环抱着它们的墨绿葱翠的群山。最美的是凝重而又轻盈的云絮，低低悬浮在这美景之上，远远飘来的苗彝民歌和它们缠绕在一起，曲曲折折，浅浅淡淡，长长短短。

仿佛人人伸手可及，又有谁忍心打破这亘古以来的宁静与柔绵。

著名的天麻，使彝良小草坝在中外的药书上闻名遐迩。在小草坝森林景区，饮的是天麻酒，吃的是凉拌野天麻，筷子挑的是炒天麻片，勺子喝的是天麻汤，可谓无宴不天麻。就连鸟蛋一般玲珑的土鸡蛋，都有一股天麻味儿。

大家一边叹息着"真是奢侈哪"，一边两眼放光狼吞虎咽。

一直以来都有脑壳痛的老毛病，父亲给我炖过几次天麻，所以知道天麻宁神补脑。从前的天麻和人参一样金贵，哪能有事无事当饭吃！现在我终于知道了，艾芜的天赋固然与生俱来，但他年轻时代就在这里行走出没，那野生真品天麻一定常吃不殆，才滋养出鬼斧神工之笔啊！

　　在彝良，可以心疑处处是艾芜《芭蕉谷》。牛街古镇上那些挑担荷锄拉车的，可能有小黑牛、夜白飞及野猫子等人物。一直陪着我们的汉子陈坤，有点像鬼冬哥，逮个机会和他拍照，印证确实到艾芜的《南行记》里走了一遭。

　　塞一肚子彝良天麻回到自家书桌前，仍然两眼翻白笔墨枯竭，便知是无可救药了。将就出一些文字来，以回味那条就要被高速公路全程取代的茶马古道、那座远离尘嚣的千年古镇、小草坝上无忧无虑的天麻部落，以及牛角岩绝壁上的瀑布，我到底没能攀上去，留待日后再来啊。

风吹来的沙

　　从昆明往彝良的车上，反反复复播放着一首名为《哭沙》的歌曲："风吹来的沙，落在悲伤的眼里，谁都看出我在等你……"十四个小时的长途旅行，它的旋律和歌词如魔咒灌顶，让我整日心神不定，仿佛会有什么机遇或缘分将要发生。

　　昭通一带正是雨季。有时是滂沱倾盆得不容分说，有时是销魂蚀骨的长短句，有时是若有若无的游思与梦幻，有时干脆绵密细软为雾障，把人隐在千呼万唤之中。

那晚我们歇在小草坝客栈，尽情享受天麻大餐。

坝场上的篝火架好了，音箱和麦克风试过了，节目主持人的民族服装格外绚丽醒目。络绎而来的乡民密密麻麻已围上好几重，而轿车、卡车、小旅行车，包括拖拉机，还满满登登载着听众源源不绝地到来。连那雨云闻讯，也乌压压地往这里迅速集结，铺天盖地。

我们每人分得一把伞和一双长筒胶鞋。

天麻开始点燃血液，鼓声煽动着急于呼应的神经。千娇百媚的主持人刚拿起麦克风，天空中好像有响锣"当"的一声，大颗雨滴爽爽脆脆应声而来。雨下得这样欢快这样干净利索这样节奏分明，似乎在音乐声中，有千万只透明的小脚踝翩翩起舞。据说演员们的车辆被山雨恶作剧地阻拦在山那边来不了，大家兴奋得等不及，不约而同下场跳舞去了。

不到片刻，场边只剩下我一人，坐在一只椅子上，撑着一把伞，伞檐一绺一绺都是雨水的珠串。穿过伞檐的流苏，我看到一位纤细的姑娘，坐到我身边空出来的位置上。

姑娘十分素雅，身穿天蓝色连衣裙，披一件深蓝色的小坎肩，长长的直发简单地在脑后拢了一把，扎一根天蓝色发带。她把攥在手心的两张纸递给我，皱巴巴的是短诗，湿漉漉的是散文。火光极其暗淡，我在仓促之间大致浏览了一下，其中有这样的句子："喝的水放了盐挂在脸上…亲爱的，我还可以要求晾晒我发霉的心事吗？"

你有多大了？小小年纪就写这样沉重忧伤的诗？

原来她才23岁，和我的儿子同岁。

刚回答完，忽然就掩脸失声痛哭起来。泪水犹如山泉从指缝汹涌渗出，人声如此嘈杂，她的哽咽抽泣暂时被巧妙掩护着。玻璃球般的雨粒儿继续欢快地在四周弹跳，迸溅，水汪汪地汇集在我们脚下。

从来以为，女人哭起来是很难看的，眼泡肿着，鼻头红了，嘴唇也是一片狼藉。而这位山城姑娘哭起来是那么美丽那么纯情，泪水和雨水双重滋润过的肤色细致光洁，几近半透明；打湿的睫毛乌蒙蒙地水雾四起；被悲伤洗涤了清澈得让人恨不得一头撞进去淹死哪。

姑娘的心事我不便细说，总之，不外乎爱情罢。

天底下，何处不落雨？但我没见过那样纤尘不染率性真情的雨；天底下，哪个少女不失恋？但我没见过失恋的少女哭将起来这样痛彻心扉却又这样美不胜收。见过雨天见过女孩哭泣的人，未必是在一把油纸伞下，在舞蹈的热浪中火光的辉映下，在崇山峻岭怀抱里在遥远的彝良小草坝。

回到夜凉如水的小客栈，展读姑娘的习作，惊讶地发现她的语言能力十分特别，尤其散文："喝茶也像知友聊心，不关风月，无须言语。"这是一个在边远小县城的女孩所能达到的人生体验吗？与同行的作家说起，就有文学期刊的青年编辑，感动得即刻就想退了机票，转身回到小草坝去。

归途中，反反复复播放的，还是那首牵肠挂肚的《哭沙》。

反反复复回想的是，那晚篝火边，每当有本地人来邀我跳舞或陪说话，姑娘就强作欢颜，跟他们打招呼，擦擦软弱的眼睛，微笑着刚强的红唇，说是"风吹来的沙"。

与一只蝴蝶的抵死缠绵

本来是去寻访牛角岩绝顶那一挂通天瀑布的，但雨越下越大，大部分同行都奋勇地一步三滑上了黄泥小路，我的鞋不适合攀岩，遂留下来，陪另外几位知难而退的作家。

瀑布虽然看不到，可是它的狂野与凶猛，依然气息可闻。白花花的龙身一路披荆斩棘，咆哮着，张牙舞爪着，呼天抢地着，扑进山谷的怀抱，意犹未尽，还要撒娇地喷着鼻子哼哼两声，再摇头摆尾而去。

谷底因此水雾弥漫。

一座石板桥扼住湍流的脖子。桥下的怪石犬牙交错，堆雪叠翠，都是浪花放荡不羁的游戏。人立桥上，衣襟猎猎乱发拂面，眼镜白蒙蒙，脚底似有云烟升起。

奇怪啊，人尚飘摇不定，却有一只小小蝴蝶，轻轻盈盈地飞上桥来，仪态万方地歇在木头栏杆上。好像一枚从《梁祝》里不慎走失的颤音，定格在桥的弦上。

她睇视着我，气定神闲；我凝视着她，想起泰戈尔的诗句：这一封折叠来的情书，飞来飞去，是在寻找一朵花的地址吗？

张爱玲说蝴蝶是女人变的。因此就有女人身穿的蝴蝶袖，女人脸上的蝴蝶妆，关于女人爱情故事的《蝴蝶梦》，等等。30年代红极一时的影星艺名就叫胡蝶，后来她果然像霜风打落的弱蝶一般悄然逝去。

眼前这一朵身份不明的小天使，既不是我家阳台住客小粉蝶，也不是雍容华贵的长尾凤蝶；不是公园里"草浅犹惊吹"的枯叶蝶，也不是财大气粗的黄金蝴蝶。也许她是法国电影《蝴蝶》里那至美至情的象征"伊莎贝尔"，抑或是庄生梦中的天书一卷？

无论如何，这里应当是她的家园，我们贸然闯入，真是抱歉了！我刚撤身欲走，蝴蝶扑翅而起，绕着我闪闪烁烁地舞蹈。这是挽留吗？她好像明白了我的疑惑，双翼一收，毫无戒心沾在我的裙裾上。

那么，小可怜儿，你是怕冷凄怕孤单怕这幽谷里的潮气吗？

我不敢动弹，怕惊吓了她。如果我一直这样站下去，会不会变成它赖以生存的酸柑树或龙珠果藤？

不安分的溪风鼓动我的长裙，蝴蝶荡秋千也累了，得寸进尺飞到我的肩上。我刚伸过指头去呵斥她，怎么可以这样没有防范之心呀，小家伙？她顺势飞上我的指尖，得意地踮起纤细的小脚，显示她全部的优美。翼面上斑斓神秘的纹路本已叫人头晕，荧光的眼圈里深邃至极，乌沉沉的什么都有或者什么也没有。蝶须的亲密接触把一阵阵战栗传感到皮肤，这是世界上最轻柔最诡异的吻，想我这凡夫俗子，如何消受得起！

我终将要回到尘世去，人们的笑声越来越接近，蝶儿啊，让我送你回到树丛吧。我上了接应的汽车，听到伙伴的惊呼，原来不知什么时候，蝴蝶也跟进车里，剪纸一样贴在窗玻璃上。作家王祥夫打开窗门，怜悯地：小家伙，你在这里会饿死的。快走吧！

车子开动，我整理背包和外套，发现裙摆上整齐粘贴着两排精巧的褐色细卵。咦，当我在野地里漫步，是什么昆虫错把裙子上的花草当成寄主，粗心大意地把卵产在这里？

我更相信是蝴蝶的托孤，是她徘徊不去的理由。

为何不告诉我，我该拿你的孩子怎么办？

我把这些小卵轻轻拨到纸巾上，藏在化妆盒里，坐飞机乘渡轮回到我居住的鼓浪屿岛上，然后悉数把它们倒在我的夹竹桃树上。

明年春暖花开，我家的园子里，会有几只异种蝴蝶翩跹吗？

但，那一只唯美的小精灵，吮咂过我指尖的大自然使者，永远留在缥缈的大西南山腹中，不可企及了。

户外记忆版图

徐虹

理由

21 世纪的某一年，某一个初秋的某一个有太阳的早晨，正是我出逃的时刻。

我背一个双肩背，穿多口袋的军绿雪裤、没有身段的套头衫，拖着缺席化妆品的轻便行李，眼睛浮肿头发纷乱，跟机场的陌生男子交涉票务。

你是昨晚 11 点，电话，在西单售票厅订的票？他问。

我说是，临时决定。

还有半个小时就上飞机了！他抬眼瞥了我，你是昨天最晚订票的一个，订的是今天最早的班机——你倒是一分钟也不耽误！

我点给了他钱，拿了票。我想说，我相信现代服务以及它的完美运转，就像我相信眼前这些钢筋水泥的建筑立面。我想说，我庆幸在当代，刚性的现代服务保障我每一个随性的不经之想。我想说，已经很久了，我想从灰色的城市盒子里紧急出逃。现在机会难得，我要去的地方路途遥远，但空气纯净，山水新鲜。并且那里有一群人，提前一天，和我一样从城市里突围。他们以文字为生，习惯于将一次"集体的有趣出逃"称之为"采风"，就像习惯于将"纸上的倾吐"称之为"写作"——他们为自己的精神放任找到了形式上的确凿理由。在那里，他们将纵容自己成为酒疯子、任性狂、斗士、妹妹、行者和歌手。

我想说，你知不知道，我所逃离的城市，鸽子飞旋，羽翼拍动。它们不停歇地，从过去飞到现在。羽翅下快速掠过的北京，旧房子被推倒翻新，孩子长大成人，街道被日渐格式化，暗灰的底色代之以明艳和灯辉。机器和钢铁，把茫然的人群包围起来。人们习惯于在笑容里加了技术和艺术。那些被称为"人形政治动物"和"人形经济动物"的存在热热闹闹地工作，钞票进项与生态支出比例失当得不偿失——他们的生活模式是当下都市的典范。我留下的任务将是在他们中间，不断把自己修正成他们。而真正的修正工作将永远"尚未完成"。

但是我张了张嘴，这些话并未出口。

初识

我一口气用了 12 个小时变换时空。

也就是说，我从北京乘坐 3 个小时的飞机到达昆明；在 2 个小时等待后，乘坐 1 个小时飞机到达昭通；然后乘坐 3 个小时的吉普车——在坎坷道路和颠簸的汽车中，我逐渐相信自己是一个跳跃的土豆，必须系上安全带方能保证脑袋不"顶撞"车顶——终于到达了目的地，一个叫作彝良的世外桃源。司机小伙子潇洒地跳下车，笑笑说，这有什么！今天因为你是客，咱开的是最稳的。

这样的路、车和司机，使我一路上并不寂寞。

我是在山路上认识云南彝良的。

那些雾，如果你从没有开过车，不懂得狭窄的山路中有雾的危险，也不懂得拐弯处那些惊叹号的深长意味，你将盛赞它们——它们的笼罩使得山体成为典型的中国水墨画，神龙见首不见尾的，浓荫深绿从幕布后透露出来。隔过挡风玻璃窗向前方看，有不到10米的能见度，四周皆是乳白的梦幻。吉普车就在摸索中前进，在暧昧中穿行。如果拐弯处偶遇一辆巨型货车，眼前则呈现出不同的样貌。它们会忽高忽低、小心翼翼地擦肩而过，然后满不在乎地鼓起气力，跳跃前行。深坳山涧在雾气的掩映下，成为一派懵懂的未知。因此，尽管浓雾遮天蔽日，变幻莫测，可人在其中，只觉其妙。简直就像面对爱情。

司机再次告诉我，我们每天几个来回都是这么开的。有时候咱鼻子尖贴在挡风玻璃上开。

有一次也是一位女士，开始还撑着，后来吓哭了。你——不至于吧。他挑战地说。

我眯起眼，以手背抵住下颌，把自己安置一个舒适的姿势。我相信有经验的和自信的人。或者说，在这样的境遇下，选择相信。

他又跟我说了些大众政治——咱在内蒙古当兵给首长开车，车上他妈尽是些拍马屁的人。咱心里就暗笑。

我说，那阴谋呢，有没有？你片段地听，听得懂吗？

全在耳朵里。他说，咱知道内情，有时候真想给支几招——你应该怎么着怎么着，就能避免怎么着怎么着；你应该怎么着怎么着，就能达到怎么着怎么着……但咱什么都不能说，这是职业道德！

我笑了笑，然后忍不住哈哈大笑起来！但仔细一想又寒彻肺腑。

车子由黄昏驶入夜晚。雾反而小了。彝良是在夜里温存起来的。它在颠簸中，在蒙昧中，在听之任之的宿命中，也在恍惚、揣摩和探究中，被我接受。对面的车灯显得耀眼起来。据说因为介于川滇边缘，彝良盛产天麻和有色金属，所以许多人都想在这里淘第一桶金。一路走过，山体边缘许多地方被围起来开采有色金属矿。吉普车的周边格局不断变化，来来往往全是高不见顶的货车。开矿的灯光一晃而过，一晃而过。夜灯中，那些被放大的车影晃动，一点没有打搅我。我眯着眼睛，观察每一个掠过的陌生的车灯树影。我是一个异乡人。大幕拉开，一个未知的存在，在车厢的沉默和一个人的冥想中，逐渐清晰。

欢局

彝良的瀑布是真正的瀑布，因而攀缘并不是平常的攀缘。我在记忆版图搜寻关于水的记忆。记得湘西，有暗绿的水和湿漉的树木，有细密的竹子、很滑的石路和悠悠的笛声，人物载负沉重，无甚表情，格调低沉——这都是多年沉淀下来的湘西写照，其神韵让人想起徐悲鸿的《巴人汲水图》。记得海南潜水。在水下透过水镜，看到自己的手被放大。旁边是高高低低凸凸凹凹的珊瑚，中间游动着黛色水草。一群一群蓝色的小鱼，在耳边游来游去。而颜色鲜艳的珊瑚，呈现深浅不一的蓝。

彝良的大水却显得柔中有刚，性格繁复。它直从云端里倾泻而下，水雾飘飞，轰鸣不绝。继而它被山石切割和分流。依山傍水，是多汁多液的树、长满苔藓的台阶、滑腻的山石。如此景观，绝非城市所能想象。相形之下，那些城市花园，就成了瓶子里的花朵。我们沿瀑而上，头发、衣服全湿。往下看，深不可测。因为路滑，人走起来又会"无足轻重"。走在最要紧处，须手拉手构成人链。这里我需要感谢几位坚实的援手。他们在我危急的时刻，成为我的助力。

饭局成为冒险兴奋的延续。按照序列敬酒发言。然后，慢慢地就模糊了内在逻辑，进入无序。在领导平民化、群众亲眷化之后，酒桌势态呈现出完全不同的样貌；再然后，男女骨干们被招呼上车，在暴雨之夜，一片又惊又笑又颤抖之中，被发了雨鞋和伞，深一脚浅一脚步入万人围拢的大广场。场中狂欢正劲，篝火正旺。

那一晚，在彝良小草坝的记忆碎片中，留有雨水、掌声、歌唱、狂呼嘶叫的印迹——谁唱起《小街》的主题歌，谁朗诵了谁的《致橡树》，谁的《英雄美人》，谁拥住彝族姑娘跳舞，谁和谁重叠着合影，谁在篝火前正面反面烘烤被雨水淋湿了的裤子，谁主持得忍不住手之舞之足之蹈之，谁酒醉了脱了外衣，又有谁喊哑了嗓子……记得丰子恺先生《一钩新月天如水》中写："结队浪游，让哄笑声惊起了宿鸟碎了花影"，"狂歌乱舞，换来一身倦意"。这些斯文的描述，全被彝良的欢局覆盖了。

然后，人们却不肯离开。谁还在大声哼唱着歌曲，串错了女生房间。谁在住所的平台上自己唱着歌子伴奏、跳舞。忽然有人喊：楼下有个大屋子暖和，还可以唱歌啊。

围炉

炉子让我想起很久以前的童年。

把几块白薯放在炉子上，它慢慢地熟了，皮焦了，翻一个个儿，再烤。我从屋里看外头，对面家的房顶，随着瓦片的凹凸起伏，一棱棱是灰色的雪，像是一排黑灰白的平行线。虎子是一个典型的享乐主义者，它专门睡在离火炉最近的暖和地方，睡得惬意的时候，侧身四肢伸展，打着呼噜。把它弄醒了，它漫不经心地瞥你一眼，翻个身，换个姿势再睡。

异乡初秋的雨中，大屋子里有炉子，我就想起了家。异乡就变成故乡了。

一些当地人围着炉子。他们把手拢在袖子里，抽着烟，似睡非睡，翻烤着大白薯，当然还有土豆和鸡蛋。外面太冷了，衣服也潮了。他们烤着白薯，我烤着我自己。大铜水壶里冒了热气，一只大手忽从头顶上伸过来，拎了壶走，沏着热茶，互相传递。近乎烫的温暖，穿透了我，那是只有在多年以前的怀抱里，才有的温暖啊。

兴奋的人们忽然安静了。他们已经忘记了白天修路时的等待，忘记了冷、空气稀薄带来的头痛、睡大通铺、房屋漏雨、体力透支。彝良的米酒、蘑菇、天麻和身体兴奋至极之后的疲惫发生了作用，人们被熨帖地安抚着。剩下那些狂欢的余兴，在身体里荡漾。

卡拉 OK 机坏了。谁说。然后就响起了歌声：

美丽的夜色多宁静，草原上传来我的歌声，想给远方的姑娘写封信，可惜没有邮递员来传情……

阿哥阿妹情意长，好像那流水日夜淌……

深深的海洋，你为何不平静，不平静就像我爱人，那一颗动摇的心……

你可知道合唱的魅力吗？你可知道似睡非睡的时候，独唱歌曲被很多人哼唱的奇观吗？而且在他们中间，男人们抽着烟，女人们相互勾了手臂和肩膀，睡眼惺忪，很脏的狗在他们中间摇了尾巴穿来穿去。如果你知道，你也一定不知道。因为你不在现场。

我已忘了谁唱了歌，唱了什么歌，但是我相信在歌曲的掩护下，一定有些眼神碰撞了，一定有一些心绪宁静了，一定有一些焦虑平复了，一定有些青春勃发了，一定有一些爱情发生了，一定有一些精确的计算公式在歌声中被融化掉了。

彝良告诉我：如果在舒适的世俗惯性和艰辛的非常出逃之间选择，傻瓜才放弃后者。

把影子投向大地

陈衍强

一

　　我一直想用文字来表述彝良，这不是因为我是土生土长的彝良人且现在仍居住在彝良，而因为我想写彝良就像我想唱歌一样可以找到很多理由。然而，对于彝良，我又能说些什么？所以，写彝良这个挥之不去的念头直到现在才开始动笔。

　　彝良地处滇、川、黔三省接合部的乌蒙山区，是无数座小山挤成的大山，像天空下的一匹马，驮着太阳在峡谷里钻进钻出。我每天都骑在马背上，只要往前走一步，就进入四川的草地，摸到贵州的牛羊。在磅礴的群山之间，每一个彝良人都是精神的国王，放牧着一只大鸟。我以前在县报当记者，有幸走遍彝良，知道有水的地方就有村庄和爱情，有路的地方就有英雄和梦想。十里不同天的彝良，在同一个季节，山脚的妹妹热得想走出裙子，山顶的姐姐却冷得缩进毛衣。正如我在一首诗中写的："我的乡亲们出远门 / 都带着扇子和棉袄。"很多人在介绍彝良县情时必须提及的关键词是

"山高谷深，沟壑纵横"，因为爬了一座山还有一面坡，过完一道沟还有一条河。"汉子们站在这一座山头／可以用山歌把对面那座山上的姑娘／从茅草房里唱出来梳妆／而要抚摸到她的辫子和耳环／却要从中午走到天黑。"这同样是我用诗句真实描述的彝良。

彝良值得夸耀的不仅是天麻的故乡，还是英雄的热土，红军名将罗炳辉和当代英雄徐洪刚都是彝良人。从彝良女子在 1993 年昭通十佳小姐大赛中摘得桂冠来看，彝良出美女已经是不争的事实。

二

从彝良县城往北走，一条瘦小的公路钻进绿色的小草坝。小草坝的风光有点像电影《知音》主题歌的开头部分，由村女深情地唱出。山青青，水碧碧，我在 2000 年夏天被小草坝原始森林的绿色淹没，一眼就看到了高山流水。民歌响处，村女像麦穗光芒的长发和红衣裳于树荫间隐现。站在"鸟鸣山更幽"的迎客瀑前，我仿佛置身九寨沟，直到被四野弥漫的杜鹃花的芳香包围才返回现实。

在乾隆和雍正王朝，小草坝天麻曾呈给皇上祝寿，被烹调成满汉全席。因此，小草坝被皇上、大臣、太监、妃子和格格们誉为"天财地宝"。时至 1978 年，小草坝天麻在广州交易会上被冠以"中国小草坝天麻"。从某种意义上说，彝良籍的小草坝天麻不仅是彝良和云南的荣耀，也是中国的荣耀，致使一些出生于外县的天麻也要把故乡改为小草坝才身价百倍。

尽管小草坝因天麻而名扬天下，但小草坝的山水林木鸟兽却如宝石深藏在滇东北彝良县的北边。当很多人带着对小草坝的山岩、古树、流泉、枫叶欣赏的心境游玩的时候，我是用全部的真诚敬畏它。因为它属于云南天然的生态资源，它提供的尘世的魔力，使我如入仙境。我始终用恋人般迷恋的眼睛阅读它的深不可测。小草坝，绿色、生态、原始古朴，家园的象征，像一位身穿花朵和树叶的处女。嶙峋的岩石上，只有飞鸟和猕猴的足迹。云栖在西风飞鸟间，我与一群黑熊在更深的地方，在取经桥下面的环河盘石上，在密密麻麻的毛竹中间，在十三条溪流撕开的瀑布前。

我在小草坝6293公顷的省级自然保护区内穿行，一切都离我这么近，毓秀的山岩，舞蹈的神灵，殉情的彩蝶，还有珙桐、水青树、峨眉含笑、南方红豆杉，只要我伸出手，就能触摸到国家珍稀濒危保护植物，而与大灵猫、红腹角雉等国家重点保护野生动物邂逅更是很自然的事。我逸兴遄飞，登上三皇庙绝顶，在浩荡的山风中眺望小草坝境内如奔向天空的野马的朝天马山峰。莽莽苍苍的朝天马，纵横百里的原始森林翻涌的绿海，从马头漫延到马尾。珙桐树的叶子间盛开的白花，近看如银鸽展翅，远看如水光潋滟，而我轻轻歌唱。朝天马高远而静默，至今还没有人抵达它的马背。我不是征服者，不可能抓住它的绿色鬃毛去放牧落叶上稍红即逝的秋天，更不能破坏它的古老神秘并改变它的道路和未来。

小草坝，山水合抱的闪现着生存的热情和光辉的乐土，我走近它，但无法抵达它的心灵和蓝得透明的天空，更无法拒绝它绿色的光芒。

三

在彝良云朵上的群山中行走，我不能避开钟鸣。我第一次到钟鸣，是从大关县一个叫打瓦的村庄坐沈从文小说中的那种渡船过河的。接着是爬关口。关口就是电影《从奴隶到将军》的开头出现的那个画面。那是万夫莫开的大峡谷，使人感到孤独，因为阳光被绝壁折断，连风也被吹成任意弯曲的歌谣。爬上关口腿就软了，只有幻想才能飞翔。

好在爬关口的途中，可以看到挺拔的石笋，像神秘的大佛，雄踞悬崖。还有一座巍峨的石峰，前看如宝塔，后看如黛玉读《西厢》。路旁有块苍老的石碑，是清道光二年所立，记载的是160人捐资捐物修关口险道的事情。

钟鸣过去叫"伐乌关"，因诸葛亮南征乌蒙府而得名。孔明以夷治夷，怂恿土目禄氏攻打乌蒙，并封禄氏为"伐乌官"，后来此官名演化成了地名"伐乌关"。再后来，天空响起巨大的钟鼓声，从睡梦中惊醒的人们只见钟山风雨，鼓山雷霆。寨主认为钟声是神仙显灵，就将伐乌关改为"钟鸣"，意思是钟鼓齐鸣。查阅《镇雄县志》，镇雄州曾在彝良设五大军汛，其中就有"伐乌关汛"，因而钟鸣是军事要地。在清匪反霸时，曾从钟鸣的彝族土司家中搜出一面红旗，绣有"天下凉山都督府，出在彝良第一家"。

钟山在钟鸣乡政府四周，二十四座，像天空与大地的金字塔，只有用第三只耳朵，才能听到长鸣的钟声。相传吴三桂听说伐乌关山岩毓秀，有二十四个山头如二十四口金钟扑地，曾想修金殿于此。可惜前来踏勘的人登上神皇庙后的鼓山，在数山头时忘了数自己站的那个，只数出二十三个，因而将金殿修在了昆明。

钟山脚下的神皇庙里，塑着一匹神马，相传被善男信女的香火敬活了，成为千里马，常从庙里奔出来吃庄稼，有一次奔向大田坝，在一块石梯上踩出一个深深的蹄印，追它的人也在另一块石梯上踩出了脚印。现在，神皇庙不见了，在废墟上长大的是钟鸣小学。千里马也跑远了，只留下深深的蹄印和追马人的足迹，诉说钟山的沧桑和传奇。

在钟山下石门坎的岩石上，刻有"灵应岩"碑，是民国六年刻的，记叙了石门坎矮石林风景，提及钟山、鼓山。矮石林是一道天造奇观，如碑文所称，是"玉兔金乌，奇石森然，草木丛茂，美花映竹，真天然风景之所在"。家住钟鸣街上的罗士华老人告诉我，蹲在石头上的石头是玉兔，前面奔跑的石头是打野兔的猎手，睡在地上的石头是狮子，是野猪，是乌龟。矮石林有天生的石门，还竖有两块德政碑，记载了民国三十七年火烧伐乌关和救灾的事。

离钟山不远的一个山腰里，有一个石灰岩溶洞，当地人称"仙人洞"，据说有人大年初一进去，直到初三还没有走到尽头。洞内有一洞天、龙王桥、观音坡、石床和夸张得有点像超级女生的钟乳石。还有暗河，河滩上有牛、马和狐狸的脚印。我曾经在仙人洞里迷路，在黑暗中摸索了半天才看到洞口的亮光。

钟山，历经沧桑的石头，依然雄峻，秀丽。它的光辉可以使时间停止，空间消失。

四

在彝良磅礴的群山中，有一座大黑山，海拔 2689 米，当它把影子投向大地，再高大的人也显得渺小。

大黑山在彝良县树林乡境内，登山主峰，可以看到东方红，太阳升。树林的一座古庙，因为 1936 年贺龙在那里指挥红二、六军团进行著名的"乌蒙回旋战"而成为红色景点。我认为红军长征，只有把大黑山的曲折道路加起来，才能计算出二万五千里的长短。素有"彝良的西伯利亚"之称的树林，东靠贵州赫章，居住着汉、彝、苗、回等民族。它的高山平原，具有美国西部地带的粗犷，又兼含托尔斯泰笔下俄罗斯风光的雄浑。天晴气朗，登高远眺，阡陌河流，一望无际；杜鹃林带，油菜花、洋芋花、荞花、山茶依时而开，争芳斗艳；千顷沃野，万亩草场，满目苍翠。山上山下，埋藏或裸露着无烟煤、铁矿，而平均品位 95.88% 的石英砂，储量大到精确的数字都难以确定，估计有上亿吨。

树林的杜鹃花，红如满天朝霞，黄似万束阳光，白如片片云朵，紫似半空夕落。像杜鹃花一样俏的牧女，把牛羊猪赶上山坡，她们就钻入花海，使人分不清哪是山花，哪是人面。

"天苍苍，野茫茫，风吹草低见牛羊。"进入树林牧区，置身茫茫原野的万亩草场，那狂奔的骏马，忽隐忽现的牛羊，总让人想起这千古佳句。这里有 4 万亩草场，每到夏天，就展开一幅"蓝蓝的天上白云飘，白云下面马儿跑"的动人画卷。树林乡党委书记告诉我，全乡牛存栏数 2200 多头，马 2000 多匹，羊 5900 多只，特别是繁殖力强的山羊，每年都有广东人来收购，加工后销往香港。

走进树林山寨，筑起篱笆的农家小院，掩映在三五株果树之中。

织布声，捶麻声和校园的读书声，使人感到古朴幽静的山寨充满着生机与活力。那些弯弯山道，时而飘上蓝天，时而泻下深洞。多少年来，彝族、苗族顽强地生活在山地上，坚持着他们对生活和命运的独特理解。他们是优秀的猎手，只要有用牛筋制成的硬弩，就可以张弓搭箭，射中百步之外的野兔。热情好客的山寨人待客的"罐罐茶"很独特，用砂陶茶罐烧烫后再放一把茶叶，边摇边烤，直到茶叶变黄变脆，才将沸水倒入，待茶沫沸沸扬扬溢出罐口，再去掉浮渣，倒进茶碗。茶叶让滚烫的水翻译出来的少数民族语言，浓香如汹涌的感情可以把客人淹没。洋芋是树林的主产，年产1000多万公斤。每到一个山寨，都可以品味到被称为"吹灰糕点"和"剥皮馒头"的烧洋芋。

淳朴的山寨人还请客人大块吃肉，大碗喝酒。那大块肉，有巴掌大，炒得油光透亮。那大碗酒，一人一口转着走，中间不准停留，谁停就罚谁多喝。喝到高兴处，彝家还会触景生情，即兴唱起情真意切的《酒礼歌》，举碗祝你平安，劝你痛饮。如是在苗家，酒过三巡，老人还会唱起古老的《叙事歌》，给你讲他们那个民族开天辟地、迁徙、成亲的美丽动人的传说。

在苗族的"花山节"，那些苗家剽悍骁勇的小伙进行赛马、射弩和杂技芦笙表演，姑娘和小伙对唱情歌，让人叹为观止。苗族的服饰，不仅是艺术，而且有悠久的历史。那漂亮披肩的大花格子是"瓦"，那蜡染的百褶裙上的一道道蓝线是"长江"和"黄河"。种地要用火，吃饭也要用火，彝族的"火把节"与人类的生存有关。彝族对火的感激与崇拜，使人类回到童年时代。彝族和回族的衣服同样是精美的艺术，特别是彝族妇女的花围腰，是一针一线挑绣的杰作，还带有十字交叉的几何图案。

大黑山呈东北至西南走向，山货药材丰富，从大漆到泡参，从蜜蜂到天麻，从半夏到野百合，一切都是新鲜生动的，包括大黑山下的那棵有一千岁的被称为"盘龙树"的油杉，在《彝良县志》的封面，我们还能看到它交错盘节的树枝。在树林街头，除了大米、鸡蛋、萝卜、羊皮、洋芋、粉条外，还会碰到意想不到的山货，甚至花10块钱就能买到一只燕窝。大黑山由于海拔高，所以气温低，云雾多。冬天有"西伯利亚"的寒流，夏天却是"香格里拉"的春色。

今天，大黑山不再遥远。这个过去只有猎人、刀耕火种的民族和织女的地方，在新世纪已有司机、建筑老板，大学生、打工妹、个体批发商。一切都正在他们手上创造着，开拓着。

五

最能代表彝族文化的物证，只有龙街乡的陇家花园。陇家花园因一百年前一陇姓彝族人而得名。

陇家花园像一册古籍散落在彝良的大山深处。园内的绣花楼、双石桥、读书亭、吟树亭、六回沟等现存文物，充分展示了彝族的建筑风格及民族文化，是能工巧匠精湛技艺的结晶。走进陇家花园，我总是想起阿来那部《尘埃落定》。陇家花园当然有花，现在仍在芳香的有山茶、大叶杜鹃、夜来香以及主人从日本娶来的樱花，更有非常珍稀的银杏树。园内古树参天，鸟语花香，是中国传统知识分子告别仕途功名后归隐的好地方。在这里可以在斜风细雨中写诗作画，研究饮食。

在离陇家花园不远的一片松林里，有陇氏主人陇维崧的墓。陇维崧曾在民国二十二年受"国府褒扬"。其墓坐北向南，占地约 150 平方米。由墓体、褒扬亭、墓志亭 3 部分组成。墓体为青石条支砌，长 4.5 米，宽 3.75 米，高 1.60 米，前有"单碑双柱牌楼式"墓名碑，分 3 层。顶部为刻制翘角瓦檐，右起横书阴刻楷体"解脱天衮" 4 字及"仁和天成" 4 个阴刻篆体字，中为陈果夫民国二十二年题写的"陇公维崧寿藏" 6 个楷体字。墓体左前方站立的"褒扬亭"系青石刻制，穿斗式结构，亭顶为复背屋脊，亭身为 8 根石柱，亭下部有石刻栏。亭中竖有一块青石磨制石碑，上有阴刻篆书"茶典之玺"印鉴及楷书"国民政府颁给云南彝良县陇维崧"。墓的四周散落的石头浮雕，无疑是彝良早就有艺术大师的物证。

说实在的，我不了解陇维崧的生平。也许，他的身体睡着了，他的愿望还在燃烧。而他的墓葬，应该是彝良文化的血脉与精神的象征。

六

很早以前，有位名人曾说过："人若不去发现，就永远不会发现，一旦有所发现，便渴望有更多的发现。"彝良山区，景色雄浑旖旎，高原资源种类万千。海子坪自然保护区连片的天然毛竹林，是彝良县最充满生机与活力的绿色乐章。

位于洛旺乡中厂村东北部的海子坪自然保护区，地处滇、川边界，距县城 170 公里，海拔 1239 米至 1709 米，总面积 4.17 万亩，保护区内有国家一级保护树种珙桐、古老工艺竹种罗汉竹和世界驰名的观赏竹种方竹等。毛竹 0.7 万亩，21.44 万株，有的高达 15 米，胸径达 14 至 18 厘米。保护区内有珍稀保护动物小熊猫、猫头鹰等。"长宁有竹海、彝良有竹山"，要识竹山真面目，只有置身海子坪连绵不断的峰岭中。

1982 年，云南省林勘六大队的勘察组对海子坪林区进行全面勘察设计，建设总投资 80 万元。1984 年经省政府批准置点保护。翌年 9 月，成立海子坪森林派出所，有民警、护林员 10 多人。1986 年至 1990 年已投资 9.5 万元，修建住房和办公用房，并建有无线电台，可直接与县城和昭通联络。

走入海子坪，未曾赏竹，先就醉了。那些罗汉竹、方竹，枝横云梦，叶拍苍天，千姿百态，斑斓夺目。那些水竹、毛竹，漫山遍野，玉影清风，叠锦堆秀，郁郁葱葱，苍翠欲滴。风吹竹摇，如千顷碧波，涛声阵阵，似万朵云霞，蔚为壮观。

竹山如此多娇，引无数游人竞折腰。竹叶青青，拖带寒烟；竹枝亭亭，绾住春光；一枝一叶，情思万缕。春暖，鸟语花香；盛夏，翠峰叠岭；金秋，雄奇苍莽；隆冬，雾幔岚影。置身竹的世界，远近高低，逶迤曲折，云海茫茫，青烟袅袅，叫你十步九停，顾盼流连，沉浸在天地万物间的遐想之中。

海子坪竹山，是大自然恩赐彝良的珍贵财富。深信有一天，她一定能名扬天下，成为迷人的竹的乐园。

七

　　阅读彝良的山水，我无法读出它的真实面目，这无疑与我置身其中有关。由于我的老家在离县城 10 多公里的一个叫位卓的山村，即使我后来成了彝良县城的居住者，仍然是被农民的骨头支撑的民间诗歌写作者，因而我苦难的诗篇常在城乡接合部徘徊。

　　我曾经有过的农民生涯并不妨碍我对彝良县城的观察和感知。现在是夜晚，站在我的书房外的阳台上，可以看见五彩缤纷的霓虹灯、流光溢彩的人民广场和罗炳辉纪念馆。还可以听见一些酒鬼从歌舞厅走出时高声尖叫："三轮车！三轮车！"郁郁葱葱的草坪，姹紫嫣红的花坛，绿树成荫的街道，无不展现出彝良县城的绰约丰姿。三条诗意的河流绕城而过。

　　从地理位置来讲，彝良县城的中心应该是县政府大院里的那棵胸径 319 厘米的大叶榕树，据说已有 700 多岁，由于树大根深，它的枝如撑开的伞，致使我供职的县文联哪怕在县政府办公楼的最高层，也能在它的绿荫下乘凉。这棵大叶榕树，精神的高度超过了城郊的老鹰山，是县城居民心目中的上帝。

　　我居住的县城是一个小县城，坐出租车只需两元钱。每天黄昏，居民都喜欢安步当车，从情人桥步行到将军山公园。将军山公园因有罗炳辉纪念馆而得名。罗炳辉的老家在离县城不远的偏坡寨，偏坡寨一听地名就是穷山恶水。但穷山恶水出好汉。罗炳辉传奇的一生，曾被拍成电影《从奴隶到将军》。这位红军和新四军的高级将领，是中央军委确定的 33 位军事家之一。他是彝良人永远的骄傲和自豪。在罗炳辉的名字前后，彝良还可以数出一连串的英雄人物，如因单矛战五匪受到毛泽东接见的民兵英雄潘天文等。难怪彝良的一位县委书记说，彝良"人人都有三分英雄本色，个个都有三分英雄胆量"。所以，凡是到外面闯荡的彝良人大都能够干大事，包括我到昆明出差时请我喝茅台酒的一个彝良老乡，他是靠一把吉他走天涯最后在北京创办公司的音乐人。

在彝良县城，我的精力不知不觉被分散，生活也变得支离破碎的散文化。不管怎样，我居住在一个人的彝良，并对它带有某种虔诚、敬畏和感恩。我始终固执地认为，在彝良爱彝良和在外面爱彝良是两回事。是的，群山拥挤着，压迫着我的呼吸和歌声，只有天空才是我放牧的原野。我的幻想是流浪的风暴，在高原的尽头寻找真正的家园。尽管人群走向四面八方，我仍然是彝良寄身在山水中的情人。在飘着云的彝良，我要永远这样陪伴着它，因为我最知道它的沧桑、贫穷、情操、气节、光荣和梦想。

格 闹 河 　 牛 街 　 角 奎

格闹河　牛街　角奎

云南彝良下辖镇。

小镇受到道路的恩宠和冷落

胡性能

　　牛街，彝良县的一个镇，离县城 81 公里。在云南的历史上，这个小镇已经被完全忽略，很少有人知道，在 1600 年前，当它建镇的时候，云南大地还一片苍茫。如果当时要评选云南第一镇的话，牛街是有机会入选的，因为后来成为云南第一城的昆明，是在牛街建镇以后的四百年才由南诏国在滇池北岸着手修筑。从这个角度来看，牛街仿佛是一个迟暮的美人、一个过气的明星、一个躲在历史的角落里顾影自怜的创纪录者。

　　人类的古代，关山险阻道路难筑，因此遍布在大地上的河流，往往成为输送文明的走廊。这也是为什么世界上最著名的城市，大多位于大江大河之畔的原因。牛街当时不仅有一条白水江与外界相连，而且它还是四川通往云南和贵州古道的要冲，这一重要交通的角色，自然得益于牛街特殊的地理位置。在中国地图上，牛街处于四川盆地向云贵高原过渡带上，也就是说当中原文明向云南高原渗透的时候，牛街是一个不易绕过去的地方。事实上作为云南 1600 多年前的北大门，牛街从建镇的那天起，就张开怀抱迎接来自中原的文明，同时也向中原展示自己身后的高原所蕴藏的万千物产。

有这样一句古谚："搬不完的昭通，填不满的叙府。"牛街背靠的乌蒙山，曾是中国历史上最富庶的地区之一。在清末以前长达两千多年的久远岁月中，离牛街直线距离不过百余公里的乐马厂，一直是中国最重要的银矿产地，其冶炼出的朱提银，一度是货币的代称，甚至韩愈也写下"我有双饮盏，其银得朱提"的诗句。而离乐马厂不远的古堂琅（也就是今天的东川一带）所产之铜，在明清时期，支撑起了两个王朝的经济。历史上乌蒙山所产之银铜，不少就是从牛街这里启运的，这种特殊的要冲地位，造就了牛街上千年的繁荣。

　　一座小镇或者一座城市的兴起，往往是因为道路的开通，而它们的没落，同样也是从道路的背叛开始的。这样的例子在云南实在是太多了，由于群山连绵、沟壑纵横，人们总是在不停地找寻着从甲地通往乙地的最便捷的路线，一座小镇受到道路的恩宠和冷落，都只是一念之间。随着后来一条条新道路的开辟，牛街丧失了其交通要冲的位置，这座有着千年历史的古镇，仿佛一夜之间被时间尘封起来，停止了生长。

　　然而也正是这种被道路的遗忘，才让牛街在 21 世纪的今天，保持着 18 世纪的容颜和 19 世纪的生活方式。现在的牛街，还有数以百计的明清时代的建筑，静静地伫立在白水江边，它们离钢筋水泥的街道，只有短短的一段距离，就像是一段神奇的时间隧道一样，只需两分钟，你就可以回到两百年甚至五百年前的环境中去。在那里的数以百计的老房子中，有两幢明显地带有西化的特征，它顽强的存在，似乎是想提醒这里曾有过的繁华与兴旺。事实上当年的牛街，就有人曾将女儿送至英国留学，在这重男轻女的中国古代，实在是一件开风气之先的事，因此在牛街偶尔见到一幢老建筑夹杂了西方的建筑风格，也就不足为怪了。

与云南的一些古镇不一样，牛街的老是自然形成的，没有人为的摆谱的痕迹，是那种原汁原味的老，是那种实实在在的旧，而不是像许多小镇为了旅游，有意识地把新的修成旧的，或者用什么"修旧如旧"的手段，苦心孤诣地想挽留住一段过去的时光。牛街的古，还体现在那些老屋里的居民所选择的生活方式上，狭窄的小街上，有许多商铺，那里出售的东西，大多是农耕文明时期就发明的产品，甚至还有一家铁匠铺，两个打铁的人，采用的是一千年以前的技术，打的是建筑用的抓钉，日常生活中最常见的菜刀，以及马帮时代才会需要的钉马掌的钉子。

时间的纵深，让牛街这座小镇变得扑朔迷离，难以捉摸。曲折而狭窄的老街上，很难见到那些所谓风华正茂的年轻人，年轻人都到外面闯荡世界去了，只留下老人或者孩子。然而在那种冷寂之中，却能看见一幢又一幢的四层的木屋，那样的建筑，因为有外挑的阳台，会让外地人大吃一惊。很显然，它不是简单的民居，而是有着特定功效的商业建筑，这样的建筑，放在明清时期昆明的任何一条街，都可以说是醒目的，尽管它看上去非常的苍老，但却忍不住要让人想，在牛街繁荣的年代，会是什么人站在外挑的阳台上，眺望着满街的繁华。

时光已经将曾经的繁华收敛进牛街平静的外表中，来到这里的人，没有谁能看清楚这座小镇，究竟隐藏着一些怎样的秘密。在老街的某一段，墙壁或木桩上，不时会出现"大水"的字样，认真一打听，才得知这个词汇的背后竟是一桩泥石流把一家四口全部吞噬的惨剧。而在一户人家的房间里，有一口神奇的水缸，无论怎样舀，水缸里的水都不会枯绝，原来那不是一口简单的水缸，而是一个外形像水缸的水井，它的底部，与牛街的土地及河流是相通的，水因此清冽而甘甜。

行走在牛街，一个最大的感受就是眼睛忙不过来，在那些保存下来的老建筑身上，有无数精巧的石雕和木刻，它让牛街无论从整体还是局部上来看，都是细腻的，当然也只有如此细腻的一座小镇，才可能培养出陈守仁那样的微雕大师。很显然，这里保存下来的老建筑，不是用现代冰冷的机械修筑而成，而是由一些极富天赋的建筑艺人，用双手呵护起来的，住在那样的房屋中，你永远也不会感到寒冷，每一块木头，每一块瓦，都还保留着艺人的体温。许多老房子，尽管结构复杂，但全是由接榫相连，通体找不到一颗钉子，让你想到如果发生十级地震，地球上所有的房子都倒掉了，也许这样的建筑还会屹立。

海伦·斯诺与罗炳辉

龙美光

在《西行漫记》中，埃德加·斯诺特地收录了罗炳辉的三张照片，这三张照片分别是罗炳辉在延安的戎装照、罗炳辉与红小鬼的合影及罗炳辉等中共将领与来苏区考察的国民党中央考察团成员的合影。

埃德加·斯诺在陕北访问时，尚未见到罗炳辉。他在书中使用的涉及罗炳辉的照片，是他的夫人海伦·斯诺拍摄提供的（其中与红小鬼的合影系罗炳辉赠送海伦·斯诺）。但在《西行漫记》中，埃德加·斯诺记录的访问毛泽东实录中，有这样的话：

早在一九二九年，李文林、李韶九领导的几支游击队，经过改编加入了红军第三军。第三军由黄公略指挥，陈毅任政委。在同一时期，朱培德的民团有一部分哗变，加入了红军。他们是在一个国民党指挥员罗炳辉率领下投奔共产党营垒的。他对国民党感到幻灭而愿意参加红军。现在他是红二方面军第三十二军军长。从福建的游击队和红军正规部队骨干，又创立了红军第十二军，由伍中豪指挥，谭震林是政委。后来伍中豪作战牺牲，由罗炳辉继任。

红军一军团也是在这个时候建立的，总司令是朱德，我是政委。它由第三军、林彪指挥的第四军，和罗炳辉指挥的第十二军组成。党的领导是前敌委员会，我是前委主席。那时一军团已经有一万多人，编成十个师。在这支主力之外，还有许多地方的独立团、赤卫队和游击队。

由于与罗炳辉未相遇，这本红色经典著作对罗炳辉着墨并不多。但仅凭毛泽东的转述和生动可亲的照片插图，罗炳辉的形象很快为国内外读者所熟悉。到此时，罗炳辉已骤然成为海内外熟知的红军将领。

1937年4月，海伦·斯诺再突破重重封锁和困难抵达延安采访。她在延安停留了四个月之久，访问了毛泽东、朱德、刘少奇、彭德怀、林彪、罗炳辉、贺子珍、蔡畅、丁玲等中共领导人和著名人物。

海伦·斯诺前后一共写了27本笔记，拍了三百多张照片。

继埃德加·斯诺《西行漫记》之后，海伦·斯诺又写出了长篇报告文学《续西行漫记》。如四川省图书馆印行的《集萃》1984年第1期，首篇即转载了海伦·斯诺写罗炳辉的长篇访问记。

《续西行漫记》以《"神行太保"罗炳辉》为题生动地介绍了罗炳辉的生平。

海伦·斯诺开篇即激情满怀介绍罗炳辉：

罗炳辉，一看就像个"中国将军"，有最优秀的冯玉祥传说，怪不得十八岁的时候人们就称他做云南省的"模范军人"。他是我所见到的最魁梧的中国人，高个子，巨人般的腰围，浑身筋骨是铁打的。因此，他总像个得胜的摔跤力士，带着刚刚把对方摔倒在垫子上呻吟时那种得意洋洋的神气。

当冯玉祥成为基督教徒时，罗炳辉用灭火的水笼头给他的全体官兵洗了圣礼。他投奔共产党时带走了吉安的全部反共民团——只有十个人除外。地主民团是共产党的死敌。在共产党的历史中，罗这次的功劳只有陕北的刘志丹可以和罗氏争辉。

罗炳辉总是乐呵呵地，我和他谈话时也感到其乐无穷。他开朗的满月型脸使我想起了"弥勒佛"——不如说，更像北平团城里那座印度支那玉佛，它和印度人一样，有迷人的眼睛，眼的上沿不是弯的而是成一直线。事实上，罗炳辉是生在和印度支那为邻的云南省，那是中国最美的省份，有森林茂密的高山。就因为这些，罗司令员在西北光秃秃的沙漠黄土高原上住了一阵子之后，未免害上点怀乡病。谈起云南的花草和清澈的溪流时，他显得有点闷闷不乐，引用了冯玉祥谈起东北时最爱说的一句话"还我河山"。

罗炳辉喜欢当兵，喜欢谈他打仗的事，谈他本人，兴之所至，无所不谈。三十八年来，他可活得真够本儿，在中国闯南走北，到处打仗。他可真称得上是中国的一条响当当的硬汉子，在中国历史上任何时期都为人们所热爱。他是中国人所热爱的那种"关帝"型的民族英雄，"一个智勇双全的人物"。他往往以智胜敌，敢于给敌人以重创。他所谈的智诱敌军的故事简直就像从"三国"里摘出来的一样——总有一天这些故事本身会成为民间英雄故事的。（一次他来看我时，腋下还挟着一本诗集——这是中国人所引以自豪的传统）

罗炳辉像朱德、贺龙以及冯玉祥一样，喜欢朴素的衣着朴素的生活——罗炳辉是中国某些潜在的、健康民主传统的产物，认为能保持当一个人民的儿子是值得骄傲的事。他蔑视奢侈和金钱，喜欢过艰苦危险的生活，愿意和他的弟兄们吃同样的饭，半赤着脚走路。

这样的生活反而使他身体日益健康，证明他有一种领导他们的天然权利。

在采访记中，海伦·斯诺详细描述了罗炳辉的言行举止，以转述罗炳辉原话的形式介绍了罗炳辉眼中的红军、故乡风物、亲情友情，以及他是如何离家参军、如何与唐继尧赴港、如何对三民主义发生兴趣、怎样参加北伐、怎样领导吉安靖卫大队起义的，介绍了他在五次反"围剿"和长征中的情况，认为在"长征中，有关他的各种活动的传说可以和'三国'故事媲美"。她也没有忘记去访问一下罗炳辉属下的战士，说"红军战士提到罗炳辉时总是说：'他打的是单枪匹马的战役。在战斗中他是那样地全神贯注，自己总是盯在前线只指挥一个排或者一个连，而忘记了指挥其余的军队。'"

《续西行漫记》出版后，海伦·斯诺又将更加详尽的《革命人物传》交由华侃翻译，以《西行访问记》为书名由光明书局于1939年10月出版，中国青年出版社则于1994年9月再版。其中《两脚骑兵的首领——罗炳辉》作为全书第七章，分别以"冯玉祥般的'将军'""云南府的模范军人""在北伐中""在江西剿共""吉安暴动""五次围剿"和"长征中的后卫军"七个节题，详尽实录了罗炳辉在抗战前的经历，披露了不少鲜为人知的细节。

海伦·斯诺在访问记中写道："罗炳辉在这好几年来，是红军中最出名的十大将领之一……他和他的'两脚骑兵'，已经成为一切红军部队中，最著名的部队之一了。""他和每一方面的红军都有过关系。他曾随第一方面军一同出发，由江西开始作长征，当时他所指挥的是危险的掩护部队。当他们到达四川时，他加入了第四方面红军，担任掩护部队，而在西藏和朱德及徐向前度过冬季。以后呢，他和贺龙第二方面红军，旅行通过大草原。在我会见他时，

格闹河　牛街　角奎

他指挥着第三十二军。"

自此，"神行太保"的美名很快传遍海内外。著名出版家范用在《将军》一文中写道："一九四〇年我在重庆买到斯诺前妻宁谟·韦尔斯的《续西行漫记》，其中有一张照片《罗炳辉与小鬼们》，罗炳辉居中，五个'红小鬼'围着他，其中四个穿着军装，还挂着皮带。宁谟·韦尔斯在《续西行漫记》里用一整章记下她对罗炳辉的访谈。这一章的标题是《'神行太保'——罗炳辉》。我不知道这一标题的原文是怎样的，读过《水浒》的人才知道'神行太保'戴宗，行走如飞，日行数百里。罗炳辉率领工农红军打仗，迅速神勇，追击敌人他总是跑在最前面，步伐之快，很少人跟得上他。"（见范用先生邮寄给笔者的文章剪报）余姚市地下党员陈平在《地下活动点滴》（刊于《余姚党史资料》1983 年第 10 期）一文中说："一九四一年二月中旬，王益生同志冒春寒来到天元我家，他先对我讲起了二万五千里长征，红军有个'神行太保'罗炳辉将军的故事，接着布置我上四明大岚山去联系地下党组织的工作。"新四军老战士郭凌在《转战在敌伪顽包围之中》一文中也写道："1940 年初，罗炳辉司令员率部来到滁县，决定拔掉这个'钉子'，扫除由施家集至花山的障碍，县委派我随同罗司令行动。我在马来亚阅读过《西行漫记》[①]，书中描写了一个神行太保式的人物——罗炳辉，使我非常敬仰。今天能一睹他的风采，并在他的指挥下开展斗争，心里有说不出的兴奋。"（见《抗日华侨与延安》，陕西人民出版社 1995 年出版）

新中国成立后，1952 年，海伦·斯诺整理的英文版《红色尘土：中国共产党老一辈革命家自传》由斯坦福大学出版社出版。海伦·斯

---

① 应为《续西行漫记》。——笔者注

诺以《地主的克星——罗炳辉》为题实录罗炳辉的口述自传。在题记中，海伦·斯诺写道：

阅读这份自传体的报道，可以给人一种同中国普通士兵接触的感觉。我采访罗炳辉时，他已是红军中的高级将领，但他仍保持着普通士兵的作风。他充满了幽默感，说自己一向喜欢打仗，喜欢过艰苦而又有风险的生活。我觉得他讲的都是真话。他性情乐观豁达，身材魁梧。除冯玉祥将军之外，他是我所见到的中国人中最高大、最健壮的。我猜想，他那高大的身材、昂然的生机以及与众不同的眼神，大概都是从他那云南山区部落高大健壮的祖先那里继承下来的。

罗炳辉是在唐继尧和朱培德（他们两人是早期革命中的军人）麾下成长起来的。罗炳辉说，唐继尧是"旧式的封建军阀，一点也不革命"，朱培德是孙中山的将领之一。在罗炳辉的叙述中，我们可以了解到他的军旅生涯：起初，他只是在唐继尧的手下当一名普通士兵；后来，他成为在朱培德领导下的早期国民革命军的一名战士；再往后，他逐渐转变为中国红军的支持者和参加者。他参加过为孙中山夺取广州的战斗，曾同朱德的军队作战。而后，他转变了立场，参加了朱德的部队。在长征期间，他负责指挥后卫部队。

抗日战争时期，罗将军继续在最高指挥部担任指挥工作。据说，他在 1947 年患了心脏病[1]。如果是考虑到他自十六岁起就过着紧张的军旅生活，这也许并不意外。

随之，根据 1937 年的采访笔记，海伦·斯诺又整理出版了《延安采访录》。她记录了自 1937 年 5 月 17 日起至 6 月 20 日多次采

---

[1] 罗炳辉于 1946 年因脑出血病逝。——笔者注

访罗炳辉的日记和笔记整理稿。海伦·斯诺实录了采访中写在笔记本上的多条评论："罗炳辉是一个真正的军人，一个天生的指挥员，而不是搞政治工作的，他秉性开朗、天真、诚实。""听罗炳辉讲话，真是一件乐事，因为对他来说，讲述他的生平也是第一次，讲的人和听的人同样兴致勃勃。"这些日记和手记，同样是研究罗炳辉极为宝贵的材料。

海伦·斯诺的这些著作完整地呈现了她在延安访问的成果，也完整反映了她采访、研究罗炳辉的成果。从海伦·斯诺的采访实录及有关史料可以知道，在延安，美国作家艾格尼丝·史沫特莱也结识了罗炳辉，并曾教罗炳辉跳交谊舞，认为他"作战很勇敢"。后来，在皖南新四军时期，艾格尼丝·史沫特莱再次与罗炳辉相遇并专程采访了罗炳辉。但是，只有海伦·斯诺不厌其烦地挖掘罗炳辉的生平材料，并能够最大限度整理出版，披露了许多珍贵的、不可忽略的历史细节，为罗炳辉研究开启了漂亮的篇章。

海伦·斯诺访问延安时罗炳辉正在抗日军政大学学习，采访间，罗炳辉将一颗藏民赠送给他的玛瑙转赠给她，表示友谊的一种纪念。海伦·斯诺在《续西行漫记》中记载："这是一颗玛瑙珠——一颗来自西藏的喇嘛的佩珠，佩在身上可以消灾交运。这颗珠的正中围着一圈白纹，像土星的星晕。"1972年12月，海伦·斯诺重访中国时又将这颗玛瑙作为礼物转赠中国政府，陈列于中国国家博物馆。

小　草　坝

小草坝

世界天麻原产地——小草坝镇。

位于云贵川渝三省一市的中心位置，彝良县北面，距县城 29 公里。

小草坝境内有"庙山叠瀑、河坝水帘、环河盘石、赤溪红壁、万佛奇洞"，配以奇特的森林植物景观而独具特色，可谓春赏花，夏观瀑，秋采红叶，冬踏雪。

小草坝最高海拔 2226 米，最低海拔 905 米，是一个低纬度高海拔的高寒山区农业镇。

蝴蝶与天麻

王祥夫

花与蝴蝶

　　云南不但花多，蝴蝶也多，而且大，拖着宝蓝色飘带儿似的尾巴在天上飞，直让人眼花缭乱。东北人把那种特别漂亮的蝴蝶称作"花大姐"，但东北的那种"花大姐"远比云南的"花大姐"小得多。在彝良的白水江边，我早晨起来散步，看了一会儿岸边的人张网，慢慢慢慢把网从湍急的白水江里张起来，再慢慢慢慢把网放到湍急的白水江里，我站在那里看了一会儿，发现这个捕鱼的人所得甚微。沿着河滩往南边走，想不到河边会有那么多蝴蝶，见人就纷纷飞起，五彩斑斓，特别好看。我喜欢一首儿歌，里边好像说到蝴蝶是会飞的花，这想象简直是好极了，蝴蝶就是会飞的花，一只美丽的蝴蝶在你身边飞，总是会把你的注意力一下子拴住。我从四川峨眉下来，什么也没买，只买了不少蝴蝶标本。蝴蝶的美丽在于蝶翅上颜色的变幻，对着光仔细看，刚刚还是赭石的颜色，忽然就会变成那么漂亮的宝蓝色。我倒不太喜欢枯叶蝶，虽然它是蝴蝶里顶级的品种。那么多蝴蝶，我还喜欢大个儿的，飞来飞去不停变幻着宝蓝翠绿颜色的那种。那天我们在彝良看瀑布，忽然来了小雨，雨下得很小，若有若无，正好让人在雨里看山色，有一只蝴蝶，不知怎么就落在了我的手上，是款款落下，且又不马上飞去，在手上久久停留，飞去了，你把手伸着，它又款款飞来落在你的手上，好像已经和你熟了。这只蝴蝶后来又落在舒婷的手上，亦是久久不愿离去，让舒婷高兴好一阵子，她就那样举着手把它带回到车里细看了好一会儿，又出到车外把它放了。

云南真是个好地方，花木在这里好像是特别的能长，只要有一小块空地，各种植物就会毫不犹豫地生长起来，用"毫不犹豫"这个词我觉得真是很贴切。在我生活的山西北部，植物的生长便是犹犹豫豫，在风里，在雨里，在春寒料峭里犹犹豫豫，今天看看，是那个样子，明天看看，还是那个样子，只有到了春末，植物才会轰轰烈烈地生长起来。在云南，植物好像一年四季都是轰轰烈烈的，因为它们一年四季都生长在春天里！

在云南彝良，无端地，我常常会想起《花间集》这本美丽的诗集。云南真是个秾丽的地方，秾丽到什么程度？我觉得恰像那美丽的蝶翅，是浓，还是浓！怎么看都好，怎么看都有颜色。彝良当地人把蝴蝶叫作"面蛾"，山西北部也把蝴蝶称之为"面蛾"。这是古称，元曲里有。山西与云南两地相隔遥远，个中原因，难以考证。

天麻与鱼

天麻是很珍贵的药品，而天麻最好的产地便在彝良，晚上住在彝良的山上，想不到会那么冷，捂一条棉被还不行，得早早把电褥子开了，这倒让人想不到，都以为云南四季如春，想不到山上却是这种湿漉漉的冷，不是清冷，是一种包包裹裹的冷，据说只有这种温度和湿度才最合适天麻生长。在寒湿的土地上，细雨与雾很难分开，让人很想念酒和热气腾腾的饮食，那天中午，主人真是善解人意，端上来的竟然是火锅。这里的火锅和别处的且又不一样，各种鲜翠的野菜都是刚从山上采来的，无比的清鲜。为了味道更加清鲜，主人还在火锅里煮了些细细的青竹枝，这在别的地方是没有的事，更没有的事就是主人端上来一盘清炒天麻。天麻切丝清炒，装盘硬是像炒土豆丝，但口感分明要脆爽得多，因为是清炒天麻，所以大家吃得格外开怀，这里只能说开怀，放开怀吃，吃了一盘，又要一盘，主人过来，问还要不要？要，好，再上！这真是气派，别处无法效仿，一是没有那么多的天麻，二是鲜天麻别处也不可能供到厨下来，这简直是天厨！清炒天麻丝味道多多少少有些微酸，我以为是清有余而鲜香差之，加入嫩鸡脯想必会更好，当然要切丝，嫩鸡脯丝，要切得很细，与天麻同炒想必会更好，颜色是二白如一。说这话的是舒婷，看看她，又想象不出一个诗人会怎样入厨调味。在彝良数日，有两样东西不可忘，一个是清炒天麻，另一个是白水江的细鳞鱼。鱼是活水里的好，活水里的鱼还要数江里的好，江与河区别何在？平原流水曰河，山地流水曰江，相比较，江水要比河水清。所以，江里的鱼肉质紧而细腻。鱼端上桌，大家都说鲜。我问醒龙是什么鱼，醒龙说是无鳞鱼，我却发现有鳞，十分细小的鳞，后来问当地人，当地人说是有鳞鱼，而这鱼的鳞着实太小，想想江水是那么急，鳞片若长得太大，在江里的石头上碰一下掉一大片鳞，再碰一下再掉一大片，这鱼还怎么长得大？

彝良白水江边的古镇，真正有古风，上年纪的人打着腰鼓，从镇子口把我们一直迎到镇子里，耳边是鼓声，是江流声，到了晚上，那鼓声不见了，江流声转大，人却更睡不着了，想想白日所见，如果这里拍电影，想必比得过《芙蓉镇》。

小草坝

黑暗中有水声和风声

张庆国

一

太阳已经熄灭，夜色收紧了翅膀，云南东北部的群山在无边的黑暗中消退，好像大幕落下，剧场关门，风在车窗外猛烈呼号，仿佛剧场里冲天的鼓乐还在记忆深处回响。我们的汽车驶到一个被当地人称作什么垭口的山道处，空气骤然降温，车窗外刺来冷风。这不是冬天，也没有下雨，气温却很低，我感到不解。开车的朋友吹着口哨，心情好起来，盯住车灯照亮的山路，左右打着方向盘说，这里风很大，翻过山就好了，这座山的后面就是彝良县。我松了口气，如释重负，漫长的旅程就要结束，就像一本书快要读完。书的最后几页，常常会出现陡然急转的高潮，给人带来猝不及防的惊奇，彝良之行正是这样。汽车翻过那个垭口，窗外的寒冷变成了苍凉，夜色中大雾的苍凉，这是我没有经历过的场景。我见过早晨的大雾，却从来没有在夜晚的大雾中行走过，更没有在夜晚的大雾中乘车翻越高山。汽车慢慢拐过几道弯，山道前方浓雾更重，夜色好像被黑暗中探出的毛巾擦亮了，微微透出白光，由黑而灰，这是浓雾在翻滚，雾是灰色，夜是黑色。灰白色的滚滚浓雾把山道严密笼罩，车灯照出去，好像折断的树枝，探出几米远，就无助地垂到车头前方的泥泞中。眼前的现实变得格外严峻，我的心高高悬起，浮在山道的浓雾中。盘山路弯弯拐拐，两三米之外就是悬崖，稍有不慎，汽车就会坠崖。可是，开车的朋友不着急，他减慢车速，不慌不忙，让坐在身边的一个当地人摇下车窗，从车里朝外伸出半个身子，仔细观察外面的路况，同时比画手势，指挥他在浓雾弥漫的山道上继续前进。

终于，汽车下山了，大雾完全消散，我的心从雾中滑落，平静地回到身体里，想象力开始活动，心情也恢复了轻松。这是我第一次前往云南彝良县，眼前黑夜茫茫，万千想象翻腾，却无法看清彝良县城的模样。我走访过滇东北很多县城，住过五块钱一夜的小旅馆，吃过三块钱一盘的猪头肉，在小镇居民家的老旧客房里倾听过月光下彻夜不息的滔滔水声，听说过船工用羊头在金沙江里钓大鱼的故事，唯独没有到达过名声远扬的彝良县。这座卧在群山怀抱中的县城，隔着已经飘散的夜晚的浓雾，暗中注视我，它的目光疑惑而好奇，穿越过宁静的黑夜，投到我的身上，我却辨不清方向。

公路前方跃出一片散乱的灯火，好像山岩上跃下一群豹子，瞪着无数双明亮的眼睛，从夜色中缓缓走出，又像水落石出，闪烁的金子在河底的月光中反射出光辉，彝良县城在黑夜里出现。

二

我从旅馆出来，独自在彝良城里行走，满街灯火，行人零零散散，抬头看，前面的夜空里，好像鲜花开放，亮起大片细碎的星光，仔细辨认，才知道是山上的街道和楼房。

三条江水在彝良县城汇合，四面群峰高耸，绵延不尽。城里的建筑高高低低，一部分沿江而去，散发出迷离零碎的灯光，一部分顺山而上，好像群兽络绎远去，又像森林生长在山坡，格外奇幻而壮观。我的目光被夜色挡住，无法看清真相，只能辨出山上居民楼的灯火，看不到高山的轮廓，更不知道眼前这座高山，挡住了山后的什么世界。早年，我在滇东北的土地上寻访，打听到一些鸡零狗碎的云南历史，知道中国古代的汉文化，就从这个方向入滇，还知道滇东北这片土地，差不多算半个四川，四川丰厚的人情和复杂的生活风习，在这片云南的群山中生根发芽，世代繁衍，养育了数百万居民。

高山后面的世界也许就是四川，或是贵州？无所谓，行政地界的划分与生命的历史无关，就像宽大无边的夜色与河水的奔流和风的长驱直入无关。人类古往今来四处游走，寻找可以依靠和信任的土地，搭建温暖的房屋，播撒梦想的种子，河水在山谷中奔涌，大风席卷而去，摧枯拉朽，所向无敌，任何力量也无法阻挡。

走在夜晚的彝良城里，满城的店铺食馆和杂货店里都有人说半川半滇的本地话，感觉很亲切，记忆之门打开，回到 20 世纪 80 年代。那一年，我从昆明坐车到云南昭通，当年昭通不叫市，叫地区，下辖若干县城，我沿金沙江边寻访，漫无目的地游走了半个月，走了五个县，吃过太多本地口味的饭菜。在靠近四川的云南某镇，川戏曾经风行一时，茶馆遍布全镇各个角落。镇上的一位老人，身上只有十块钱，穿着几乎掉光了纽扣的衣服，在文化馆里教人唱戏，自得其乐，他在家中收藏了大叠古代的川戏唱本，就像收藏着杜甫的诗稿，令我肃然起敬。眼前的彝良县处于 21 世纪，是滇东北群山中更大的城市，现代生活的灯光四处闪烁，街边的商店里摆满了电视机，屏幕里播放着歌星的演唱。那些热爱川戏的本地人走进摆满了破旧藤椅的茶馆，五分钱茶水就可以换来一整天欢乐的日子。

那天夜里，我在彝良城旅馆的房间里，听到黑暗中有水声和风声呼啸不息。

时光在流水和风声中消逝，彝良这座苍凉冷峻的城市，少不了美女英雄和刀光剑影，也有恩怨情仇的传说和流离失所的悲伤，可是，这座城市的现代名声，却与几位军人有关。一位是罗炳辉先生，滇东北群山养育出来的儿子。罗先生从彝良出发，走向中国的大地，在戎马生涯中浴血疆场，经历了生死考验，见证了近代中国痛苦挣扎的历程。我在彝良县城的罗炳辉纪念馆中参观，见识了这位将军。剽悍而略显笨拙的身材，浑圆结实的脸，朴实又坚定的目光，与滇东北人的神情极为一致，好像山上的岩石，更像村中的老农和滇东北小镇上听川戏的汉子。另一位军人是当代青年，在探亲的路上见义勇为，身中数刀。最初的时候，这位名叫徐洪刚的英雄被传媒的夸饰之辞遮蔽，有些面目不清。若干年后，我在编辑部上班，收到徐洪刚的来稿，顿时心生敬意。这位在彝良县长大的青年，做了当代社会的传媒英雄，却对普通的生命保持着敏感，他以一条狗为题，写出了文笔沉着老道的散文。我知道在这篇散文与他的见义勇为经历之间横亘着数年的时光。也就是说，自从他救人出名，成为军中英雄已经过去很多年，以后他上学和写诗，在文学的道路上跋涉，不知所终。没想到几年来他老老实实写作，认真读书，渐入佳境，触摸到了滇东北泥土下柔软的灵魂，看到了掩藏在草丛中的生命之光。可见，所谓与歹徒搏斗，不只是传媒意义上的见义勇为，还是文学写作者良知的发现和对普通人生命的尊崇，就像彝良的三条江不只是江水，还是滇东北人坚定的理想与世代不灭的生活信心。

三

　　来到彝良县的小草坝乡，我就想起"小草在歌唱"这句话，我不知道这是一句歌词，还是别人的一句诗，也不知道这是小草坝乡潮湿的泥土里生长出来的思想，还是我的脑袋里涌出的浅薄记忆。这份简单的文字，包含了司空见惯的朴素感情，就像满山遍野的小草，微不足道，却能覆盖所有的土地。

　　我喜欢小草坝这个平淡无奇的地名，又感到吃惊。为什么险峻荒僻的高山峡谷中，会有一个阴柔温暖的地名？长期以来，众人习惯了，爱讲大道理，喜欢高谈阔论，忘记了所谓道理和思想，不过是地上长出的草和树苗。那种忽略了具体的感性人生，只见高山岩石，不见遍地花草昆虫和泥土的习惯，使世界变得简单无趣和错误百出。在彝良的小草坝乡，本地人眼光向下，心与大地贴近，用普通的小草为家乡宽阔的土地命名，可见其高明和真实可靠。

　　真实可靠的品性是小草坝乡名声远扬的原因，也是所有地区的历史生生不息并传之久远的原因。可以想象，古代的外地人历经艰辛，风餐露宿，来到滇东北山中，在小草坝受到温暖的保护，体会到人心的淳朴，留下美好回忆，才有渐渐传开的有关小草的赞美。所以，小草在歌唱的是歌词还是诗句，或者是一句玩笑话，都很好，小草平静的歌唱类似生命的呼吸，司空见惯，不足为奇，却不可缺少。世界看上去复杂，其实很简单，真理就像小草，随处可见，却被大树遮蔽，害得大惊小怪的好事者们辛苦奔忙，劳而无功。

　　小草坝当然有高大的山峰和苍茫的丛林，这是滇东北的正常风景。苞谷站满山坡，洋芋花按季节开放，平淡困苦的日子，也有无限欢乐。我们在小草坝乡住了一夜，第二天进山考察，沿着多年前国营林场开辟的狭窄小路，小心翼翼地在丛林中穿行，朝山坳走去。这里箐深林幽，山石雄峻，丛林茂密，流水湍湍不息，冲击着溪边的杂草，送来茫茫水汽。小草坝展露出复杂人生的情节，这里山高、谷深、林密、水量充沛，就像一出戏，波澜起伏，豪情万丈，余味不绝。

真正豪情万丈的气象体现在瀑布上，我们走出山凹，来到公路边，搭乘汽车前进，拐过几道弯，又朝山上爬，很快听到巨大的水声。原来小草坝的山里，藏了壮观的瀑布，最大的瀑布像宽大的幕帘，从山崖的绝高处垂下，流水自由倾泻，声浪惊天动地。气流猛烈的摇撼中，山壁上的树枝和杂草晃荡不停，水雾四处飞溅，弄湿了众人的衣服，换来阵阵惊叹和笑声。

山谷幽深，水草丰盛，小草坝的绝美藏在山中人不识，就像山里人家，守着五亩苞谷和两亩土豆，四只猪和一群羊，用温柔祥和的微笑，面对世上的所有纷乱与喧嚣。

庙山的庙

李慧琴

一

后来在小草坝的几天里，我们向当地人探询关于山上三座庙的情况，出乎意料，每个人的说法都不一样。我们决定再次上山。

小草坝镇平均海拔 1710 米，低纬度高海拔的高寒山区，全年气候湿润，大部分时间，都是阴雨绵绵，不曾间断，村子和大山，长期被大雾笼罩。

这天下午，太阳虽害羞地躲在云层中，但已经帮我们赶走了所有的雨雾云团，撩开了小镇的神秘色彩。

层叠的山峦与飞流猛下的瀑布，真实地展现出昨日我没有看见的气势，细腻的小溪流，则像女人，温润于山里的角角落落。

远眺悬崖下望不见底的葳蕤丛林，我们不禁后怕起昨日的冒险。

继续沿老线路，往雨雾深山盘旋，一房一佛一井一大树，再次映入眼帘。大门开着，我们寻找屋子的主人。

一位老大爷，不知从哪儿突然出现，站在天井旁，气定神闲地看着我们这群不速之客。

老人身形消瘦，一套简朴的藏蓝色工装，咖啡色毛线帽下，露出的白花花的鬓角，夹杂着几丝黑发。脸形削长，鼻子高挺，眉下双眼凹陷，五官竟然与此地神像有些相似。

他带我们到烧着柴火的厨房，用方言询问我们喝不喝开水。他气息平稳，思维清晰，语速偏快。我们蹩脚地模仿着彝良方言开始交流。

听这位老人热情而又自然地讲述着他与这座庙的故事。

二

"老一辈说，这是清朝前的庙，具体时间不清楚，我们重修其中两座庙的时候，已经被毁坏得只剩下地基。

"1995年，我49岁，集结了20多户人家凑钱买材料，有盐津人、彝良人，大关县也有几家，后生子女们出劳动力，零报酬，重建起来的，地基由林场免费提供。

"当时花的钱还是挺多的，我们认为该投钱就投钱嘛。

"我家住彝良县两河乡，祖籍江西吉安府。从两河乡到南天门34公里，我小孩骑摩托车送过来。

"我有五个儿子和一个女儿，大的儿子在昆明，其他几个都在老家，老婆也在家里帮衬着，家人都挺支持我这份'事业'。

"年轻的时候在农村，什么事情都干过，就是没种过地。一般都是修电站、搞电厂之类的工作。

"我们有三个守庙人，另外两个回家收庄稼去了。一个叫蒋青高，是我舅舅，在盐津。一个叫高顺金，也是盐津人，我们庙里的文书，字写得好，这些解签书就是他抄的。只可惜老签书的原本已经遗失，只剩这些手抄本。

"我叫郭思昧。请你们一定要把舅舅排在最前面，尊卑有序嘛。

"还有六七家的人，也偶尔会过来打理，主要以我们三人为首。

"这里是'鸿天华堂'，也叫'玉皇殿'，主要供奉地公地母。还有一座庙由此后门登入。"

他刚才就是从那儿过来的，说着就带我们穿过厨房旁的草棚，往山顶走去。老人长年累月地往返，看似瘦弱的身躯，矫健有力，步伐之快，总在前面走走停停地等我们。

"道教是中华民族自己传承下来的信仰，不像其他宗教都是外国传进来的。这么多年来增加的居士不多，因为没在村里传道。我们认为要顺其自然，不能勉强他人皈依，所以没有得到很好的发扬。来这烧香拜佛的人也很少，除了观音生日的时候，附近的村民或县里的人会聚集得多一些。

"庙山上的庙，几乎不诵经，我们在盐津县的那几座庙，每晚都有人诵《天皇地皇人皇经》。道教的派别，也不太清楚，但我们吃荤。

"上面这个是'鸿道宝殿'，可以远远望见马脑壳（朝天马）山的侧面轮廓，只是位置不那么好，站在庙坝上，能看到正面。"

三

庙的侧面，有一个长方形小亭，朝背面的位置开两个小窗口，里面放置了一个方形桌和几把长条凳。三根柱子上分别刻了"南薰门"三个红字，这儿就是观赏朝天马的地方。

鸿道宝殿右边，挨着三层楼"三宝殿"，虽无缝连接，但一眼能看出是后来添砌的。两房之间的墙面上，画了幅山水画，远看，灰色水泥平房和淡黄色楼房像是被这张贴纸粘在了一起。为了增添生气和恢宏，两个宝殿门框两边分别画了祥龙和松树。大部分的窗户都没有装玻璃，而是把塑料纸铺在上面订牢。

鸿道宝殿门前有个石头砌的香火炉，前面是两个简陋的大水池，水池里面留有一半不清澈的水，还有只小乌龟。

三宝殿的另一边，一栋格格不入的土房子，房顶用两根木架支撑着，似危楼。

绕到平房后面，沿阶梯上到山顶十多米的距离，是一个叫"经顶"的小殿。门庭入口两尊守护神，一位手持宝剑，一位手持金刚杵，面露凶煞。门只用木闩轻轻地闩着，殿里供奉的规格和菩萨像与其他几座庙堂都差不多。

在观景亭左边，有一栋带阳台的二层水泥楼房，门前的洗衣台上零散地搭着几根青菜叶。

四

"以前的菩萨都毁了，不知道它们原来的尊容，现在这些是我们请人专门塑的。

"我们自己动手建的水池，下面那个井盖也是我们添的，不然总有一些蚊虫飞进去。

"我们主要在南天门休息，种了一点菜，以前还养鸡鸭，现在没精力养喽。

"那栋土房子是修这座庙的时候砌的，早没人住了。"

老人从上面的庙，与我们回到前面的庙，我们知道，他是为了送别我们。

云雾稀稀落落地聚拢到远处的山头，盖过山顶，像昨日一般，慢慢地将我们包围。

雾珠飘零在脸上，不知道它想让我们感受的是真实，还是幻境。

庙山的庙，每日在仙气中修行心性，净化灵魂。

老人二十年初心不改，坚守着自己的信仰，他可能不清楚道教的具体教义，也不清楚死后的归属，甚至连供奉的菩萨都不能与佛教完全区分，但是这么多年从无到有，细心守护这座庙宇，不问缘果，足见其心纯粹。

对于虔诚的理解，老人只告诉我们："多做善事，终有善终。"

老人还说，我们这庙的下面，还有个吃素的庙，一些破损的石碑和石像，跟我们庙里的不一样，你们过去瞧一瞧，或许会更感兴趣……

五

滚滚小路爬高山，
路华青草长成林。

自从盘古分天后，

本人才会知春秋。

九牛爬坡都用力，

拉起犁头跟沟行。

若是不跟铧沟走，

满坭化灰尘。

——《丙寅 廿二签》

这是我在小草坝风景区一座叫庙山的庙里抽的签，无人给解，我们擅自闯入了这间简陋的平房。我也不知道自己为什么要抽这根签，冥冥中感觉这里的签会特别灵验。我在神像后看到了一本很老的解签书，试图在里面寻找答案。签书是毛笔手抄本，每一个字都工整清秀，翻了很久才翻到《丙寅 廿二签》的解文。似懂非懂地，我想在网上查找它更具体的释义，然而，用尽各种方法搜索，都没有找到这签文。

小草坝风景区，是一个尚未完全开发的原始森林。国庆节期间，游客也只有寥寥几个。山与山之间，平凡而宁静，如果深入了解，会发现它绝对的刺激和狂野。

每年农历十月初，红叶如篝火般燃烧着整个森林，瀑布或急或缓的小分流乘载这些火焰上的舞者，向自然界传达它最后炙热的情感。只是此刻，它被烟云雨雾紧实地缭绕着，那些身背竹篓的过往身影，似乎不是靠脚行走，而是踏在云上，顷刻间，便与白茫茫的浓雾融为了一体。

我们沿着山腰向山顶驶去，想摸清这些神山的轮廓。车子像冲向云霄的小鸟，始终看不清悬崖四周的任何景象，除了偶尔掉落的几块巨石，让我们有惊无险。

约十分钟，我们被一个上了锁的长栏杆挡住了去路。把车停在路边，徒步向右边延伸的一条小路继续探寻，我们不甘心就这样与之告别。

脚刚踏过上山入口处的小溪流，我们恍若进入了王母娘娘的蟠桃园，仙气从脚冒到头顶，还透过手指缝。孙悟空将那蟠桃树变成了枝繁叶茂的竹林，竹笋成片地从地底下冒出来。身后那条小路，已形成了一面无形的屏障，将我们与世隔绝。一段只有不及一米宽的石阶天梯，在前方竹林的拥簇中隐约出现，不知道它将带我们去到哪里。

云海淹没了尽头，上面可能有神仙。

当我登上天梯的尽头，看到一栋平房门前立着一尊四面佛像，旁边一口加了盖的井，还有一棵大树。小时候，我们经常爱念"从前有座山，山上有座庙……"现在一切居然真实地出现在我们面前。

刚开始，我们不敢确信这真的是一座庙，因为门口的四面佛像塑得太萌了——正方形的脑袋、长方形的身体、一顶蘑菇形状的帽子，身上披着一块红绸。佛像眉毛弯弯，眼睛圆圆，鼻子高挺，还有露出八颗白牙的红嘴唇。佛像后有一个香火龛，一些没有烧尽的香签和黑色纸屑。右后方的天井，像个大的水泥圆桌，在侧方的位置，开了一个梯形舀水口，井水是满的。

雾越来越多，在群山里聚拢，一点点把我们吞没，整个山谷，无数座大山，沉没在浓浓的水雾里，水珠在眼前成片地飘零，快接近傍晚的缘故，灰色的天空压得更低了。那座三张木制圆拱门中间抠出两个木窗的房子，像幅抽象素描画。小时候，我最爱画的房子就是这种规格。中间的房门顶上，亮了盏瓦数不大的黄色小灯泡，墙壁散发出不均匀的黄色，开出一些不规则的裂缝，像茶盏开片。透过窗户，黑漆漆的房间里闪烁着一盏油灯。

敲了几下门，无人应答。

左边两扇门从里面锁住了，发现右边那扇门，是在外面闩住的，虽然擅自闯入有点冒犯，但我们充满敬意，相信可以得到各位神仙的原谅。

我们敲了三下门，随后推门而入，满屋的菩萨像，让我们大吃一惊。

这是一个约八十平方米的长方形空间，房间三面，环绕着一米多高的水泥墩墙，水泥墩上供奉着大大小小的菩萨。如果光从面相和身形观察，大部分难以识得它们的身份，因为每一个塑像都基本一样，跟屋子外的四面佛，长着相似的五官——肉粉色的面庞、金色的帽子和身体。他们一大一小依次排列在佛龛上，有些还用大红绸子搭在头上和身上，像多穿了一件斗篷。

正中位置，摆放了一个四方桌，桌上有三个用黄纸供奉的排位，上面写着各菩萨的名号，还有一把香，和一个燃着香油灯的饭碗，为了不被风吹灭，灯上面盖了个去掉了一半底部的塑料油壶。

桌子右边，是一个用树枝和麻绳架着的发黑的旧鼓，侧面有一把靠背椅。

桌子的左边是一块石碑，碑铭为《鸿麟大庙菩萨碑文》，碑文上写的什么，看不太懂。

这是充满仪式感的神秘空间。

我点了三根香，在拜垫上叩拜三下，然后拿起排位后的签筒，虔诚地用传统的方式，摇出一根签来。

神灵虽萌，畏之则灵。

我们在神殿里，逗留了半个多小时，此时，灰色的水雾已飘进屋子，像一个巨大的棉花糖，都想挤进这三个门框里。我们把棉花糖挡在门外，闩牢。做了个简单的告别仪式，供奉了一点香火钱，走出最后一扇门。

大殿左右两边，还各有一间房，右边的木门上，用红色粗笔写着"厨房"，左边的墙上写着"厕所"，并画了个箭头。

临别时，去了趟厕所。这是挨着房子搭盖的一个小茅厕，有两个蹲坑，让人惊叹的是厕所非常干净，几乎看不到洒漏的秽物，也没有很重的异味。

庙山的庙，冷冷清清，但每个细节，都能感受到守庙人的用心。很遗憾，没能等到神秘守庙人的出现。夜幕逼近，我们带着心中的疑惑，回到"人间"。

翻山越岭而来

傅舰军

莽莽乌蒙，山高谷深，唯有这一处叫小草坝的地方，山势缓和。群峰环伺之中，方圆十几里的高原盆地里，丘陵密布，状如仰乳。一群外地人，翻山越岭而来。

收麻人

老张全名张如法，浙江新昌人，祖传三代木匠，1995 年前一直在老家做木工活。

那年 3 月，老张被刨木机锯断一根手指，郁闷之中，一个人到云南小舅子处散心。

小舅子劝他：别做木匠了，和我一起做生意吧。

老张便改行到了云南。先是做药品生意，后来到工厂做采购，至今。

每年 11 月间，天麻收挖季节，老张都要亲自到小草坝来，上山看看基地，到山下的鲜天麻市场转转，和种植农户、经销商们面对面沟通，掌握天麻市场的第一手资料。

天麻是工厂最重要的原药材，每年采购量数十吨。国内以天麻为原料的药厂不少，价格差别巨大，坚持用核心产区小草坝原生乌天麻的，仅此一家。

来云南 22 年了，老张的口音依旧难懂。但所有的供应商都听懂了他斩钉截铁的一句话：跟我做生意，价格可商量，质量没商量，只要掺一次假，嘿嘿，我就一辈子不跟你做生意！

老张说这句话时面容严肃，咬字清晰，调门高昂，乍看，像吵架。

说者有意，听者有心。大家笑笑，知道老张是当真的。

来云南 22 年了，老张依旧吃不惯云南的饭菜。尤其是麻辣的菜系，至今开不得口。唯有昭通老城的回民小串串，每次来都要吃上一回。50 根烤到冒汁的高原黄牛肉，一瓶啤酒，外加一个烤洋芋，就算过瘾。

我问他：平时，在别的地方，也喜欢吃串串吗？

老张说：从来不吃。只吃昭通小串串，而且只吃回民区里这家叫赛文的小串串。

为什么？

这里的牛肉货真价实，不掺水，不冰冻。

进入这家工厂时，老张入了股。6 年前，工厂被上市公司收购，老张一夜之间就发了，但依旧认真地做采购。

老张今年 58 岁了。他说，他现在的主要任务就是培养接班人。工厂靠天麻吃饭，天麻的事情不能有半点闪失。

不做木匠已经 22 年，老张的骨子里依旧保持着木匠的准则：货真价实，绝不偷工减料。

老张说，退休后，他最想做三件事：陪陪老娘，逗逗孙，然后开着自己的大切诺基，到处转转。

守麻人

远远望见一座窝棚，匍匐在山梁上，背后是辽远的蓝天，周围是五百亩向阳的坡地。

在窝棚与来人之间，一只黑狗邀了黄狗，摆开架势，发起进攻。

只见那黑狗退后五米，猛冲过来，在离人三米处停住，露出獠牙，与人对峙片刻，掉头退后五米，以更加凶猛的声势冲过来，在离人三米处准确地停住。如此反复不下二十次。

那黄狗站在高处，伸直脖子，向天而吼。

来人站住了，故作镇定，一边用余光看住黑狗，一边用手机通知守麻人，两腿打战，嘴里却说得云淡风轻：今天这狗有点凶啊。

远远地，听见主人呼唤，黑狗立马停止了冲锋，换了一副嘴脸，朝着主人的方向摇头摆尾，叫声含糊。五六只小狗突然从狗窝里跑出来，和母亲一起迎接主人。黄狗却掉头进了窝棚。

原来是刚生了一窝狗崽子，难怪如此拼命地守护。

主人赶来，一场人狗冲突立刻消弭，窝棚前洋溢起祥和的气氛。

山上还有未融化的冰。

那白的藤条，直如细竹，不知何物。

秋色所剩无几。

山下有雾。村庄隐约可见。

蓝天上有薄云，天空通透。

山坡上，厚厚的腐殖层下，埋着裸身的天麻。

女人戴了红手套，跪在地上，轻轻地，慢慢地，从黑土里扒出天麻。用指肚揩去泥土，噘起嘴，不住地吹气，百般抚弄，极尽呵护，生怕弄伤了那个雄壮的活物。

狗不叫了。

高山静寂。

天空澄明。

来人肃立。

白雾漫过山梁，如一帘素纱，掩在眼前。

酒暖心

衣丽丽

    汽车的 DVD 里传出一阵阵的歌声："青青小草坝……无论我走到哪里都会把你怀念……"渐渐地从窗外弥漫进来的云雾中，发出淡淡的青草香味，我们知道小草坝就快到了。

    地处乌蒙山区的彝良县给予了我们最热情的接待，以当地最热烈的礼仪迎接着我们的到来。这里是云南的少数民族的聚居区，境内有苗族、彝族，他们的性格很奔放，好客，能歌善舞。

    昨天在晚宴上，这些苗族、彝族的女孩子们灌了我们不少酒。

    你想，有七八个身穿花衣的美丽姑娘端着酒壶来到桌边，领头的是一个瘦瘦的苗族女，姑娘们用尖细高亢的嗓音唱起敬酒歌："大表哥，三表妹，我们一起来喝酒，管你会喝不会喝，大家都要喝。"你能不喝？就算轻轻地抿上一口也可以。

    兄弟民族的爽直火辣的性格就像杯中的酒一样，虽然热烈，却不会令你丝毫不适，除了浓浓的情谊外，还因为这杯中的酒中有着天下最好的药材——天麻。

    今天我们就是到了天麻的故乡——小草坝。

    这里的天麻是天下最好的品种，天麻素含量很高，而且绝对天然，没有污染。只是这里公路尚未修通，仅有一条土路，坑洼不平，相当难走。所以很少有人知道小草坝，知道这里的优良天麻。

当晚小草坝林场的主人请我们在林区一间很小的餐厅里吃饭。这里从前是林区的办公室，现在二楼改为简易的招待所，一楼则是小卖部和饭馆。这海拔二千六百米的山顶，夜间很冷，小卖部里正燃着一只大铁炉子，四周围着一圈木凳竹椅，好像每天有人在此烤火。这里尚待开发，一切从简，可是恰好保留了许多原生态的东西。

当晚的一桌饭菜中，有凉拌天麻、炒天麻、天麻鸡汤，还有天麻酒。鲁迅文学奖的新科状元王祥夫好酒，喝过几杯后，连连赞美，好酒好酒，好酒不上头。

徐坤则惊呼，太奢侈了，我们城里的天麻贵得吓死人，药里只放一点就了不起了，这里却拿它做菜。太不可思议了。大家都在感叹：在小草坝这里，我们把一辈子的天麻都吃完了。

我是从来不喝酒的，今天也喝下了不少天麻酒。很奇怪，一向对酒精过敏的我，今天却像没事一样，丝毫没有醉意。只感觉脸红，血液在全身热烈地涌动，头脑却很清醒，耳朵非常敏锐，不断地听到远处有声音：走啊走啊……点火吧……

我走到门口，仔细听听，似乎又消失了，汽车还安静地停在那里。

我有点怀疑，不知是深山里的风声，还是我的耳朵真的听到了，也许是因为我太期待今晚的活动了。

小草坝上有一个很大的天然草坪，彝族人过火把节就在这里跳圈圈。每到节日的那天傍晚，四里八乡的乡亲从山下四面八方赶来，举着火把狂欢。

对于我们的到来，当地人当作一个盛大的节日，要特意为我们组织一次篝火狂欢活动。

人群已经上来了，篝火已经点燃，晚会就要开始了！

可是此刻天上下起了小雨，我们开始担心活动能不能照常进行。

雨越下越大了，驱车近十分钟到达草坝上，发现整个草坝上已是人海茫茫，中心围着几个巨大的火堆。堆成圆锥形的几米高的木桩已被点燃，熊熊大火从中心烧起，红色的火星不断迸射出来，向天上飞去，很快地又一个个被雨点清灭了。看一眼周围的密密麻麻的人群，没有几顶雨伞。

他们都是当天下午从山下赶过来，自发地参加欢迎我们的晚会。

想想他们要走几十里的山路，如今还在雨地里淋着雨，头发全打湿了，可脸上却带着灿烂的笑容，我的心都要融化了。

多么好客的兄弟民族，我真心地相信，善良的人心会生出美丽的面容，就像好山好水能开出艳丽的花朵。这么好的水土，才会滋养出这么好的人们！

老天爷也被感动了，刚才还哗哗的大雨此刻已收敛了许多。一点小小的雨水仿佛是来为大火加油的。篝火烧成了一个个的大灯笼，篝火中心已烧得通红，每堆篝火的边上都围着许多姑娘、小伙，披着蓝白披肩的是花苗的，而头顶着黑帕子、身穿百褶裙的是彝族的，大家手牵着手，跳起了欢乐的舞蹈。他们跳着唱着，一边叫着来吧来呀，一起来跳舞吧。

姑娘小伙们俊朗秀丽的笑容里有一种诱惑力，眼神亮晶晶的会说话。我们的兄弟姐妹在邀我们一起跳舞。我又看见那个女领导了，没想到她的歌唱得好，舞也跳得极好，带着队伍频繁变着花样。好吧，我们十几个人义无反顾地冲过去，立即就有人从两边拉着你的手，围起一个大圆圈，边唱边跳。

我们从来没见过这里的舞蹈，起初只能被拉着跑，不久我们就被他们的热情融化了，不管是四步还是两步，反正就跟着左右的姑娘小伙子跳呗。一会儿圈子变成几个，几个队伍互相穿行。

不一会儿又合成一个大圈圈，所有的人围在一起边歌边舞。

阿哩哩，阿哩哩，阿哩哩来阿哩哩……我看见年长的散文家谢大光在圈子里边舞边笑，我看见王祥夫使劲地在泥水里踢踏，还有徐坤热得脱去了外衣，穿着背心狂放地扭起了彝族迪斯科。就连我这个一向不会跳舞的人，竟然也穿着沉重的胶靴发了疯地跳哇跑哇，不知疲倦……

那一晚上，每一个作家，不管年长的年少的，都忘记了自己过去的矜持，只管把心中的火焰燃烧起来，释放出去。我们从来没有这样疯狂过，也从来没有这么快乐过，只有今夜，我们忘情得如同一个孩子。

归来时已是深夜十一点了，我们仍没有睡意，兴奋和酒意都在怂恿着我们欲罢不能。大家又聚在小饭馆的火炉边上，吃着烤洋芋，继续着刚才的狂欢。

有人提议，我们今天只唱革命歌曲！

是的，今夜谁还会再唱那些关于爱恨情仇缠绵的歌？

那已不合时宜，伴着这里美丽的山水，携着这些热情的人们，唯有那些大气磅礴的歌声才能表达今夜我们的心情。

一首接一首的歌曲，唱得山上的风也停了，歌声在山谷中激起一阵阵的回声。

我想今夜也有许多人和我们一样无眠，和着我们的歌声度过一个难忘的夜晚。小草坝，小草坝！那个夜晚我永生难忘。"炉火照天地，红星乱紫烟"的意境，那个歌声撼动天地的体验，都是值得我们回味一生的。

回去后，我向我的朋友说，到小草坝去吧，到彝良去吧，那里有着最原始的生态、最古朴的山水风光，有着用天麻酒暖了你的心的人们。

有人说，想爱一个人，要在心里把她呼唤几千遍。那么，想唤醒沉睡的小草坝，就应该千呼万唤。

我祈愿，小草坝，赶快掀起你处女的面纱来吧！

青山无语，世间再无杨洪述

杨晓红

杨洪述

采访中不断听人提他。

为了记录天麻菌的情况，我们来到小草坝最大的菌种厂，杨洪述正是菌种厂的老板，自然就攀谈起来。

小草坝多雾，当老杨从雾里向我走来时，活脱脱一个猛张飞的样子。面庞红里透黑，印堂发亮，眉发怒张，身躯高壮。

央视都采访过的老杨，见惯大世面，完全不在意我的镜头。

他边拍边说，一句话入了我的耳："我想，要是做好了菌种的事，小草坝的乡亲们就可以种出更纯良的天麻了，昭通的天麻、中国的天麻就可以有更大发展空间了。"

多么难得！就在这样近乎原始的山林里，读书不多的老杨，为了研究天麻曾经倾家荡产的老杨，最看重的不是个人利益，居然有着这样一番家国大情怀。

老杨无不得意地说："我们家四代种天麻，天麻的事情，没有我不晓得的。四代人加起来，已经种了一百多年天麻咯。"

见我专注，老杨索性转向我："周铉教授在解放初期刚来小草坝时，就住在我老父亲家。那时我年轻啊，天天跟着周教授往山林里跑，学会了记录数据，搞研究。我不站出来搞推广，谁来搞嘛！早二十来年，还可以见到野生天麻，如今难了。种不出好天麻，上不了量，小草坝这名声白得了！"

年复一年的风餐露宿，长期的熬夜，老杨的身体垮了，但成果也出来了。

天麻两菌——蜜环菌、萌发菌实验成功。

有了这两大宝贝，从此麻农们就告别了有心种植却无收成的日子。

小草坝的天麻渐成规模。

跟着周教授学到了本事，老杨带领几百户人家成立了合作社，建立了数据库，带富了一方乡邻。

中国天麻博物馆里有了他的照片，国务院总理、省委书记接见了他。

大会小会，先进经验介绍自然少不了他。

这不，刚跟我们挥手道别，他转身就上了车，说是要去昆明开会。

他是愈发忙了。

但是，短短不过数十日，我的采访稿尚在整理中，却突然传来他去世的噩耗。

青山无语，世间再无杨洪述。

老杨，小草坝的大山大雾护佑你，天堂安好！

天麻花开，轻易不见

殷红的桃花开了，又谢了。

素白的梨花开了，又谢了。

粉白的苹果花、樱桃花开了，也谢了。

高原上所有的花，争先恐后地，热闹了整整一个春天，如今，呼啦啦地全谢了。

夏天的小草坝依旧多雾。

山梁上有女人走过，若隐若现。

腰肢扭动间，她们在交头接耳："五月中了，天麻应该开花了。"

"你可见着了？"

"没见着，难得见着呢。"

野地里是难得见，基地里有……

风送来她们的对话。我跟着期待起来。

念想着天麻花，一夜辗转。第二天起个大早，径直去了天麻基地。

推开门，我关于花的所有想象，都被颠覆了——乌天麻丛里夹杂着两棵绿天麻，格外惹眼。一丛丛笔直的秆子，比人还高半头，气派如武士们的方阵。深红色的秆茎，如枪似戟。

古人诚不欺我也。天麻在典籍上即为赤箭。乌天麻是小草坝天麻主打品种，世界上80%的乌天麻出自小草坝。

绿天麻在小草坝并不多见，偶有发现，科研人员马上培植起来，以作研究用。

然而这些还并不是花。须定了神，仔细端详，才能看见她特别的花的模样。无数细小花朵，簇拥在茎尖，花瓣轻柔，花朵玲珑。花苞全身通透的玉绿色，小精灵般，从粗茎里钻了出来。

每一朵天麻花，都分为上下两个部分。上部，花瓣张开，护着中心那一点点的花蕊。下部是花萼，鼓鼓的，如一个个褐色的小囊。

天麻花雌雄同体，野外，全靠蜂蝶搬弄造化，才能孕育。基地内，工作人员正在进行人工授粉。

这花，非常简单，也格外复杂，脆弱而又极其强健。最高的天麻花高达 3 米。粗壮的花秆，原来是为了抵御高原大风，天麻又名定风草。

这天麻花，色与香，皆与众花迥异，好生特别，轻易难见，你可称之为奇特的遇见。

就如人的一生，有的人轻易见不着，见着了，就永远也不会忘记。你谓之人生幸事。

见与不见，是机缘；你忘不掉他，就是情分了。

脑子里常常会映出那些如枪似戟的花秆，山梁间，山风浩荡，她不摇不晃，安定生长，似乎可以安抚我这颗凌乱焦躁的心。

高国慧

这个女人长得不算好看，又不识字，却有个大气的名字：高国慧。

高国慧身材高大，单身，女儿远嫁江苏，儿子今年 4 月也在省城买房结婚，都想接她过去住，她不肯。问她女儿嫁在江苏哪里，她有点无奈："我不认得字，去过一次，太远咯。我哪里都不去，就守得这山坡坡，再自己种点天麻，哪个都不求，日子也蛮安逸嘚。"

我夸她讲的方言好听，她用手一指："山那边就是四川，离我们不远咧。"

许是山上少有人来，她一边爬坡赶路，一边絮叨不停。休息时，顺手一指身边的土里："喏，这个下面就埋着一个天麻，你看不出吧？"说完，她得意地笑了。

"天麻不好伺候。村里头种不得，种过菜、种过粮、种过苞谷的地都种不得，这样的山坡坡就最好咯，就是远得很，走路都走得累死咯。"话锋突然又一转："累是累，明年还要多种点，我们小草坝的天麻越来越名气响，价钱也一年比一年高咯。"

说话间，听到不远处有狗叫。转过一个山弯，看到一个简易的窝棚搭在缓坡的最高处。远处连绵的山头如无数的青螺。

每一座山包都有厚厚的腐殖层。这里，是种植天麻的绝佳之地。

即便是冬天，缓坡上，红的果，黄的叶，紫的花，在寒风中拼命地摇摆挣扎，她们紧贴地皮生长，顽强地开出美艳的花。

窝棚里，一张旧床，一个煤炉，一把凳子，再也放不下任何东西。这是守麻男人的窝。高国慧挖天麻累了，也会到窝棚里歇歇脚，喝口水，陪守麻男人说说话，顺便帮着收拾收拾。

夜里风大而冷，半桶水放在窝棚外，不到半夜就结成了冰。

几把萝卜缨子，是窝棚里唯一新鲜的食物。见我有疑惑，聪明的高国慧立马就说："不打紧的，明天就有人送粮送菜上来咯，一个礼拜一次。"

定期上山来送粮送菜的是男人的老婆，平时住在山下。

我打趣地问她："这个男人是你什么人？"

她也不解释，只是捂着嘴笑。我也就不再追问。

走远了，我突然听到后面传来高国慧的声音："他是我兄弟咧。"接着就是一连串的笑声。

笑声放肆，让我想起那些紧贴荒草地皮生长的美丽而顽强的花。

让自己和后辈们不再为生活发愁

杨晓红

11 月，正是小草坝收挖冬麻的时候，我们跟着老贾回故乡。

老贾当过兵，上过越南战场。走路生风，说话总带着当年的豪气："我是土生土长的小草坝人，周围种天麻的乡里乡亲都和我沾着亲、带着故。"

小草坝的天麻自古有名气。老贾是小草坝做天麻生意最早的人。据说真的小草坝天麻，一年产量也不过五六百吨，老贾一人经手的量就占了十分之一。

走在马路上，不时有人和他打招呼。

快走到小镇子的尽头了，眼见一座三层的土坯房，这是老贾的老屋。

老屋建于 20 世纪 80 年代，一度是全镇最阔气的民宅，如今已年久失修。一位亲戚还住在里面，老贾一家搬离老屋已经很多年。

但老屋仍然保留了太多岁月的痕迹。

早几个月，上级领导来小草坝考察，路经这座老房子，还指着说过：这一家要重点扶贫啊。

"为什么不把老屋修一修呢？"我不解。

老贾长长地叹了口气，告诉我们两个原因：一是天麻虽长在这里，但是生意在外面，人必须紧靠市场，修了新屋没人住，房子也会荒了。十多年前，老贾就和儿子、小女儿住在了昆明，在新螺蛳湾有自己的公司和门面；大女儿干脆把天麻生意做到了深圳。二是老屋有着太多过去的记忆。尤其是与他一起打拼的老伴过世后，老贾有些怕见到这栋老屋。

离老屋几十米远就是天麻市场。早一日从山上背下来的天麻，按大小成堆，等客来。

高原的阳光从窗口直直地照进来，把地上的天麻照得格外清楚，天麻裸身上还裹着高山上新鲜的泥土，乍一看颜色差不多，其实有着细微的差别。老贾不时弯下腰，拣起一个个天麻细细地端详，似乎想要辨别出，这是从哪道坡坡上挖出来的宝贝。

走在小草坝的山梁上，老贾眼光虚虚地看着连绵不断的大山，话语里满是深情："这里的地理和气候条件得天独厚，老天爷赐给我们全世界最好的天麻。我一辈子只卖小草坝天麻。"

老贾，全名贾连友，今年58岁，小草坝的第一代天麻经销商。这个经历太多的男人，一生的使命就是：让自己和后辈们过上不再为生活发愁的日子。正是因为有许多和老贾一样朴实、勤劳的小草坝人，用自己的坚守，创造着属于他们自己的奇迹。

老贾告诉我们他做天麻生意的经历：

1978年1月份，我就去边防部队当兵，当了3年，1981年就退伍回来，回来在家就开始做天麻生意。看到这个市场还可以，昭通小草坝天麻全国都出名，是我们当地的特产，相当好。

从1997年开始，我们就拉货到昆明、成都等地，到药材市场推销，见当时市场还可以，就自己租了一个铺面，就在昆明做起了天麻，把天麻卖向各个省市。生意还算可以，于是就在昆明扎下了根。经过很长时间的努力与积累，慢慢接触到了一心堂、七彩云南、福林堂等各大药材公司，一直以来我们都保持着非常好的合作关系。

我们 2002 年与建华集团，就是现在的永孜堂合作，我一直给他们供货。我每年的小草坝天麻销量大概有 80 到 90 吨，在 2006 年就基本达到 100 多吨。我和我们当地的农民和麻农订货，每年都要收购几十家的，每一家都是 3 到 5 吨这样，也相当于帮他们一起推销出去，在当时经济也不发达的年代，做生意比较困难，麻农也一直支持我把天麻推出去。我们的合作社也办好了，和家乡的老百姓一起把好货源关，我每一年都要把天麻卖出去。

是八几年的时候，市场刚好开放，我们就做老家的特产，拉货到成都去，被成都的一家皮包公司骗了，有十多万的损失，当时也没有想到这种问题，所以被骗了。我们自己比较守信誉，觉得做生意一定讲的是诚信，所以我才会有今天。

我们一直都只做我们的昭通小草坝天麻，我一直不做外地天麻，一直都要讲信誉。我希望下一代子女要把生意做好，天麻生意越做越大，做到全国各地，希望他们比我们上一代的经验更丰富，做得更扎实、更实在。

阳光照耀小草坝

向裕良

一

我感觉冥冥之中似有天意助我。

夜宿小草坝。有些小激动，几个人干掉半坛苞谷烧，外加一大盆天麻炖乌骨鸡，无论老男人，还是小鲜肉，都吃饱喝足，肚子里，一半是酒，一半是鸡汤。

就住在半山腰。白雾弥漫山林，寒意侵骨，满地灌木已被雾凇覆盖。

我问：明日几点起床？

傅舰军说：睡到自然醒吧！

一日之内，长途奔袭上千里，酒喝得也有些多，大家恨不得把身体立刻放倒在床上。

奇怪的是，天光微启，一夜酣睡的我居然醒了。同屋仍在酣睡。我蹑手蹑脚，草草洗漱，立刻背起相机出门。

四面青山如黛，晨雾笼罩村庄。头顶浓云低垂，浓云之上是渐次明朗的苍穹。我立刻用电话通知伙伴们快快起来拍日出。

东山顶上，彩云浮现，感觉一轮红日呼之欲出，却始终不见那一轮高原红日。天空愈来愈明朗，群山围绕的小草坝仍旧处在一片昏暗之中，明暗对比强烈。

神说，要有光，果然就有了光。

我念念有词，祈祷天赐美景。

突然之间，无数道霞光，从东面高山上斜斜地照进小草坝。天与地，瞬间贯通。我屏住呼吸，目光紧盯取景框，指尖触动快门。

当霞光穿过山门的瞬间，我心中一阵悸动。

天意如此眷顾小草坝，赐予这里的人民世界上最好的天麻；天意如此眷顾外地人，赐我上等宝物和绝世美景。

阳光照耀小草坝，神的光芒照耀小草坝。

二

天麻生长对土壤要求极为苛刻，新开发的基地，从第三年才开始有收获，每一块土地种过一季后 5 年之内不得重种。

天麻种在哪里，守麻人的窝棚就搭在哪里。平时吃的粮食、菜蔬，穿的、用的，都由住在山下的家人定期送上山来。

今天不是家人上山的日子。一位上山挖麻的中年女人，正在帮着他准备晚餐。

这个中年男人，每天的工作就是带着他的狗，在山谷脊背走走串串。

山上多雾，眼前的男人居然有些细皮嫩肉，如果不是他自己说快 50 岁了，我完全猜不出他的年龄。

男人已经在这座窝棚里住了 3 年。3 年前带上来的两只狗已经养了 3 窝狗崽子。大大小小的土狗时刻围绕着它们的主人。

狗很凶，和男人一起守护着 500 亩土地，这就是他们的势力范围，陌生人靠近不得。

刚下了点毛毛雨，云雾还未散去，他的住处，就在这半山腰上，时刻可以触摸到云雾的温度。

山下的村庄隐约可辨，云雾朦胧处有他的家和女人，但山上的基地一刻也不能离开人，否则，种在地里的天麻，有野猪拱，有人偷。

守麻人责任重大。一诺千金，一守也许就是到老，如一场修行。

满屋都是石头的气息

向裕良

　　接到任务的时候，他思考了很久。小草坝是个什么样的地方？它有哪些地貌特征？天气如何？都是个未知数，仅仅从照片上看，得到了点滴讯息。这个任务应该是艰巨的了。

　　谷山砚是奇石，雕什么像什么。远山、陡坡、云雾、窝棚，这些从照片上看到的，在脑海里慢慢浮现。

　　张学军雕刻工作室在一栋安置楼的顶楼，没有人指引基本上找不到，但是到了门口你就会得到启示，因为楼道里堆满了原石。

　　走过楼道，到达顶楼的时候，区域开始分明起来：左侧的打磨室只有一盏灯可以照亮工作台，右侧的雕刻间是水泥砖头砌起的墙，挂着"张学军雕刻工作室"几个大字，估摸着应该是名家的作品。各种摆件、工具混杂在一起，旁边还有些已经完成的手把件。

　　文人的那点习气全暴露无遗了，盆栽、古玩、雕刻、字画等，一应俱全；墙头各种花草，是我这伪文人无法辨识的，倒是一株凌霄草让我怦然心动了。

　　展示区域跟茶室在一起，那张太师椅标明着主人的身份。茶台上的茶宠，一条赭红色的蜈蚣，在石头上疾行；还有那只青色的小鳖，探出头来，似乎在寻找爱情。

不仅是石雕的天麻以及泥土，就连中堂侧面中央供奉的神龛，还有满屋空气，都是石头的气息。

谷山遗址就在湘江西岸以北。一条小路向上，两旁野菊丛丛，步行只需百米，迎面两块巨石相对而出，赫然将路断开。夹缝里钻进去，有清风过耳。山谷高深，须抬头而望，顿觉天高云远。光从头顶的窟窿漏进来，看得见光阴正一寸一寸在石壁上游走。

这一处谷山砚开采遗址，已经成为长沙的一处秘境。

而远在千里之外的乌蒙山区，另一处秘境，一个叫小草坝的地方，盛产世界上最好的天麻。

现在，谷山张要做的是用谷山石创作一组天麻石雕作品，取名《秘境宝物》。

每一块石头都有自己的形状、肌理和内部结构，不可复制。谷山张用手在石头上不停地摩挲，翻来覆去地看。

少顷，他似乎胸有成竹了。稳稳地，一手墨盒，一手毛笔，轻轻勾勒，三个天麻在石头上或隐或现，但并看不分明。

一把刻刀，一把木锤，碎石飞溅。

刻刀上下翻飞，勾勒出优美的弧线。木锤咚咚，如敲闷鼓，或舒缓，或急促。

时间在刻刀下飞快溜走，暮色四合。工作台上，一盏明灯，照着刻刀，晃着冷冷的光。

扁平的刀口过处，天麻的轮廓开始显现。如剥新笋，一层层石皮褪下，一个个活脱脱的天麻呼之欲出。有的半掩土中，有的已经采走，只留下一个小土窝，似乎尚有余温。

谷山张嘴角慢慢地有了笑容，表情也轻松起来，他换了个工作台，换把刀，继续细刻。

　　　　　　　　　　　　　　　　　　小草坝

慢慢地，小草坝天麻独有的、俏皮的鹦哥嘴出现了。

慢慢地，小草坝天麻独有的、浑圆的肚脐出现了。

慢慢地，新翻的泥土出现了。泥土芬芳，如有呼吸；龟裂处，似有山风凛凛吹过。

"每次拿起一块石头，都是一次了解、解构的过程。有时候看个十天半月的，我完全没有石感，也不着急，我等着。"

他狡黠地笑着。似乎这是一场与石头的较量，他是胜券在握的将军。

"石感好的时候呢，手握一块石头，我好似看见了石皮下面的松涛、水榭、楼阁……作品常常一气呵成。每一块石头都是独一无二的，我的每一件作品也是独一无二的。"

说起这些，他总是笃定而惬意。下颌的一撮小胡子在光影里跳动，如他的才思，敏感又轻灵。

环顾露台，一地石屑，工具随手放置，一如既往的凌乱。

还要多久，那一组取名《秘境宝物》的石雕才会移身别处，交由他的女人细细打磨？

角落里，一株凌霄瘦藤末端，开出一朵暖黄的花，向着有光的一面张望，兀自在清风里得意。

行纪乌蒙山之小草坝

唐朝晖

1887 年，英国青年伯格理从上海溯江而上，死里逃生到达云贵高原，与苗族人一起创制了苗文。为救治当地人，他在石门坎去世。由伯格理翻译的苗文版《圣经》中附有一幅地图，在云南昭通境内标注了一个小圆点，旁边注有英文"小草坝"字样。

小草坝，位于云南昭通彝良，境内最高海拔 2226 米，最低海拔 905 米，是低纬度高海拔的一个农业乡镇，属于广义上的高寒山区。

2017 年，我在小草坝村待了一段时间，与麻农彭富荣和彭贵银父子有了比较深入的交往，包括近年，我和他们也经常联系，听他们说说天麻的情况。

彭富荣，1963 年出生。彭贵银，1986 年出生于小草坝村彭家岭生产小组。

我在小草坝的日子里，每天推开门，看到的都是雨雾。每天白天都是在浓雾中生活，白茫茫的，我所能看到的地方，都是雾，有些透明，有些白得深沉。我看见自己在雨雾中的不真实性。能有这样的地方？这是哪里？我在这里吗？一些疑问，使我在那里的写作，出场的不是"我",而是"你"。这也是美好中的一种祝愿,希望更多的人去感受大自然中的空茫之雾、之雨,感受缓坡上的隐藏起来的天麻。

一

彭贵银是你在小草坝认识的第一位种天麻的农民,他们把自己称为麻农,彭贵银住在大山里。

小草坝镇上的主公路,随山势起伏、转弯。集镇中心的路边,有一块石碑,写了"小草坝"字样。按彭贵银发过来的导航,你在石碑下左转,离开集市不到一百米,镇上的店铺、人声、车辆,瞬间全部消失。拐个弯,大山重新涨满了你的视线。

小草坝村路正在修建中,泥巴水坑到处都是。在镇上,手机信号还正常,进了村子,手机信号消失了,电话打不通,无线网络也没了。你看着近处的高山,透过低的山峰,远处还是山,山太多了。好在乡里乡亲的,大家都认识,你问路边的老乡,彭贵银家怎么走。老乡用手一指,农场左边有条路,往里走,你边走边问。问了三四回。难怪出发前,彭贵银坚持要到镇上去接你,你不想麻烦别人,何况有手机,有导航。

彭贵银一直站在到处是黄泥巴的马路边等你。

彭贵银的家在马路西边。一排平房,朝南,水泥地的院子,长方形,与房子面积一样大。

彭贵银推开房子东头第一扇门,把你让进家里。

你站在门口，完全恍惚了，这难道是深山里农民住的房子吗？——玻璃推拉门，地面是奶白色的瓷砖，一尘不染，墙体通白，长沙发、取暖电烤炉、电视机，屋里所有物件都是新的，惊人的干净整洁。后来，你才发现事情的真相。

你在小草坝待了一周，始终没看到过阳光照耀群山的模样，这里的雾让你终身难忘，一小团一小团，一大团一大团，小到一栋民居，大到把整座山、整个村子全部笼罩起来，水雾时间长则一天，短则几分钟。走到哪里都是雾，感觉水飘在空中，风把雾从水里吹出来，所有的植物都浸淫在水雾里，成为水的臣子，哪怕是一块石头，都是湿的。所见之地，到处是水和泥泞，更多的是浓郁绿色的群山。

你和彭贵银从天气开始聊起。

二

我们这里三天两头地下雨，没下雨，雾就会起来，站在家门口，经常看不到对面的屋子，看不见对面的山。习惯了，也挺好的，不会影响心情。我们一年见到阳光的日子不到一百天，身上湿气都很重，以前住房子不好，湿气更重。我们吃天麻，吃姜，天麻去湿。

以前我们不种天麻，说天麻只能野生，种不了。父辈们就上山挖野生天麻。

春天，野生天麻长出小秆，混在杂草里。六到七月份，有了这秆，才能找到天麻。十月份秆没了，父亲就到曾经长秆的地方，再挖，还能挖到天麻。父亲他们一天最多可以采到十多斤天麻，一般一斤左右，也有一个都没挖到的时候。

爷爷年轻的时候，山上的树比现在多很多，树很高，比人还粗，从很远的那条公路开始一直到我们这里，还继续往大山里走，都是大树林，面积很大，包括盐津、大关、彝良好几个县，后来都属于国家林场的。林场砍树，与我们没关系。2007年之后的三四年，林场把树给采伐了，山上就没什么大树了，现在种了很多小树。

父亲那个年代，挖野生天麻的人很多，大家从村子里出发，经过我们家门口，拐进上山的路。采到的天麻，是舍不得吃的，我们只吃天麻秆。用刀把天麻刚长出的秆砍下来，生堆小火，烤熟了，也好吃，秆子老了就不好吃了。

我喜欢跟大人去挖野天麻，身上都带着刀。1998年，采天麻回来的路上，我的手给划了一刀，父亲从随身的背袋里，撕一块布，把我的手缠一下，血把布都染红了，后来自然好了，以前都这样，不讲究。

父亲挖回来的野天麻，先洗白了，家里冷，烧团煤火，慢慢把天麻烤干，出太阳的时候，拿到外面晒。

90年代，野生天麻卖得挺贵，二十块钱一斤。现在一般的天麻三四十块钱一斤，好的七八十块一斤。如果一堆天麻里，有大有小，尤其是小的多，价格就是二十多块钱一斤。之前的天麻不分级别，后来天麻多了，麻农想着还是分个级别，就根据天麻大小、胖瘦、好看与不看，分特级、一级、二级、三级、四级，剩下来的就是那些很小很小的天麻。

我们种天麻是五月份和九月份。

三

我们小草坝村，最多的姓只有两家，一个就是我们彭家，另一个是杨家，他们是从广东搬过来的，过来的时间与我们差不多。之前，这里应该人少，如果有人，那之前的人去了哪里？我不知道。杨姓占村里三分之二还多，五千多人。姓彭的，在小草坝村不多，一千多人，其余不多的村民有姓刘的，姓王的，姓李的。

小草坝村全部是汉族，小草坝镇也只有两三户人家是彝族，苗族有一户，他是帮人来打工，后来就在小草坝扎根，住了下来。

小草坝村里有木工、石工，都是老人，这里的很多房子都是石头砌的，石工就砌这种墙，木工就只做做门窗。

以前的小草坝彭家岭，太偏了，现在因为种天麻，每一家一年能挖几万块钱的天麻，有了钱，大家都修房子，家家都有汽车，孩子上学，有摩托车接送，学校有营养餐吃，有饭吃。

像我们这种年龄的人，出去打工，天天干苦力，工资还不高，一年还赚不到几万元钱。小草坝人95%的人家都在家种天麻，出去打工的人少。只有二十岁左右的人才出去打工，大一点年纪的，家里没钱投入，种不了天麻的人，就帮别人家种天麻，帮人购材料、挖天麻。

我们这里的人，春天到山上找一个月的野生天麻，挖回来卖，再种春天麻。二到三月，村里人打一个月的竹笋。到了九月、十月，还可以采竹笋，一天赚大几百块钱。不种天麻的时候，我们就种玉米、土豆。玉米收回来，家家户户门口挂得到处都是。玉米很好吃，其中一种是把玉米打成粉，当饭吃。

一年就这样过去了，没有多余的时间去做其他事情。

这里的人很勤劳。如果今天我的堂叔要到我家来种天麻，我们一般是上午九点吃饭，那之前的两个小时，他就在自家地里干些活，九点再来我家种天麻。我们请人种天麻给工钱，不兑工，一百元一天，做十天、八天，不想做了，我们就把工钱给他们结了。来种天麻的不会有偷懒的人，他们不想做了，或者做不了，就不会来帮工，来的都是熟悉的人，都是远房亲戚或邻居，他们都会很用心地来做事。我们只要把种天麻的粉啊什么东西，让他们带上山，他们自己就去做了，我忙其他事情，有时候就不上山了，他们照样会把活干好，不会让主人操心的。每次我请十来个挖天麻的人，大家站成一排，速度不能快，干这种活，本来就慢。

野生天麻和我们现在种的天麻，营养成分完全一样，我们也是种在大山里，种在长野生天麻的地方。

我们种的是白天麻，比婴儿的手指还小，这些小小的天麻如果没有蜜环菌吃，她们就长不大。有点像人，吃好了就长胖点，没吃的，就长得不好。

我们把不适合生长天麻的那些地方的蜜环菌采集过来，种植在适合生长天麻的山上，让天麻吃到蜜环菌。天麻如果在六月、七月、八月这几个月里吃蜜环菌，就可以长大，成活率也高，长得也稍微快点，以前的天麻要长三年，现在在山上长两年半。种植一次蜜环菌，只要长势好，以后就不要再放、再种了，只要把白天麻种在蜜环菌旁边就可以，放些树枝，蜜环菌长在树枝上。

四

我们小草坝每户人家里供奉、祭祀的，主要是列祖列宗。祭祀祖先，有时候带祭品，有时候什么都不带。一般就是清明上坟，还有七月半，每户人家都把自己的祖先请回家来，祭祖，烧纸钱，请他们吃饭、喝酒。

五

我一个堂哥，1978 年出生，十岁那年，妹妹六岁，哥哥十三岁，父亲突然去世，妈妈改嫁，只是经常过来看他们，奶奶带着他们三姊妹过日子。

小草坝彭家岭找对象不好找，都到外边去找，去提亲。

堂哥长大了，二十多岁，家里是真穷，又住大山里。

早几天，堂哥还在与我们说他的情史。他说，2000 年，我心里着急啊，整整一年，我就把精力全部放在找媳妇的事情上了，什么事也没干，我到了几十个女孩的家里，我看了都同意，但女孩家都不同意。有时候，一天我去七八个女孩家。

堂哥说，现在谈恋爱，可以通过微信、QQ、网络、电话。我那个年代，就是请一个媒人，听说哪家有待出嫁的女孩，就买点酒之类的东西，去求亲。家长拒绝的方式很多种，有的说，我是同意的，但我女儿不在家，等她回来再说吧，其实是一个退话。

那时候小草坝已经开始种天麻了，但一家一年就卖几千块钱，都存不下钱。

堂哥和我们一起去广东打工，遇到了他现在的老婆，她现在是我们彭家岭生产队的队长，是群众投票选出来的。他老婆挺能干的，是我们小草坝人，在彭家岭对面的大山后面，那里的公路才修通不久，之前没路，比我们这里更不方便，她们来小草坝镇，早上五点出发，晚上回到家里，天都黑了。

我们这里以前也只有一条窄窄的路，路没修好，下雨是稀泥，天干了就是灰。

堂哥家现在好了，他们那里也修路了，从我们这里接进去的，他家里买了两辆车，他也是我这天麻合作社的，他种了十多亩天麻，收入不错。堂哥家现在有两个小孩。

至于我自己，十八岁那年，我去广东一家铝合金厂打工，开冲压机，给铝合金打眼，脚踩一下，机器给铝合金撞一个小洞，我就把这块铝合金拿开，把另一块放在下面，脚再踩一下，每天重复这三个动作，八百块钱一个月。在工厂里，我认识了我的老婆，她在电子厂上班，是小草坝镇金竹村人，我们聊得到一起，一年不到，我们就商量，在广东打工没意思，还是回老家吧。

回来不久，我们想结婚，刚开始她父母不同意，因为我家在大山里面，我家也比她们家穷，后来，慢慢地，她家也同意了。

我老婆也只上了小学五年级，我们都是文盲。

六

　　我出生的老屋，在新房子下面不远的地方，我上面有一个姐姐。

　　小草坝村彭家岭小学在老屋后面的山上，学校就一间小房子，一个代课老师带着一年级和二年级的学生，二十多个小孩拼成一个班上课。一年级的学生面对南边的墙，墙上有黑板。二年级学生面对北边的墙，墙上也有黑板，一间教室里前后的两块黑板，是用两根木棍支着的一小块黑木板，斜靠在土墙上。

　　代课老师先站在南边墙的黑板前，给一年级的学生上课，布置完作业，再走到一年级学生的背面，面对二年级学生，讲二年级的课。

　　姐姐读二年级，我读一年级，姐姐是 1985 年出生的。

　　村里没人有手表，更没有钟，这里长年是雾天，上课的时间靠代课老师的生物钟来掌握。

　　代课老师起了床，做了点饭菜，吃完，从门后的土墙上，取下个银灰色的铁哨子。代课老师走出家门，站在屋外的土坪里，周围的山，沉没在浓浓的雨雾里，黑狗早早地站在路边，等着主人。

　　代课老师把口哨含在嘴里，吹了几声。往学校方向走，走几步，他就吹一声哨子，他看不见对面的山，也看不见路边的房子，水像飘在空中，被风吹来的雾，把高大的树、远处的菜地，都遮掉了。声音在雾里更觉得清澈明亮，孩子们听到哨声，像小猫小狗一样，抓起桌子上的小土布袋，往肩上一甩，也有孩子把书包带子抓在手上就往外跑的，洋瓷缸杯掉了，叮叮当当地滚在地上，孩子往门外跑，嘴里喊着东边屋堂里的贵狗、西边屋里的细毛，一堆孩子往学校跑去。

　　代课老师去过的最远的地方是县城，高中毕业，与班里绝大部分同学一样，没考上大学，各自回家。在村里，代课老师文化水平算较高的，很多人只读了小学，初中生也不多。他回到村里的第二年，老代课老师得病死了，老代课老师也是老高中生，他自然成了代课老师，每月工资比上任多了十块钱，60元一个月，钱是教育局发给代课老师的。

孩子们跟着代课老师的哨子声，跑在山里的小路上。

到了学校，代课老师吹了最后一声哨子，大部分孩子已经到齐，偶有一两个没来的，代课老师站在校门口喊一声：唐莫林、彭贵堂。不远处的房子里，就会急匆匆地跑出两个孩子，学校离孩子们的家都很近。

我们现在看到代课老师，还笑他吹着哨子去上课的样子，他现在五十多岁了。

代课老师吹着哨子上课，从1990年吹到1998年，教了八年的书，后来，上面下了文，让学生全部去林场那边的学校上课。没了学生，就没了学校，代课老师也就自然下课了，他的教学时间也是八年。

新老代课老师都姓彭，我们小草坝村彭家岭生产队，全部姓彭，没有一户外姓。三位代课老师，第一位代课老师只上过小学，五年级毕业回到我们生产队当的老师，现在已经去世了。另外两位代课老师还在我们生产队出工干活，年纪大一点的代课老师叫彭华田，稍微年轻一点的叫彭富文。小草坝彭家岭学校，就总共有过这三位代课老师，我们读书都要交学费的，我们自己回家吃中饭。

我在代课老师那里读完二年级，上面就要求我们到林场读三年级。代课老师他现在也在我这天麻合作社里。去林场那边的学校路很远的，不能回家吃饭。每天早上，我们塞两个土豆到书包里，中午吃土豆，冬天也这样吃，我们的课本和练习簿，都是土豆味。我们天天吃土豆，也只有土豆吃。

彭家岭在我爷爷辈，只有四个人走出过小草坝，在外面参加工作。到我父亲这一辈，只有一个是哈尔滨大学毕业的学生。到我们这一代，没有出一个大学生，我有十几个堂哥，他们都是打打工，种种天麻，没文化的。我的普通话，也是通过天麻，慢慢地与人交往学会的。

我在林场那边的广东小学读了四年书，路太远，读了一段时间，我们都不想去了。早上，我们要走三公里，才能到学校，三年级的孩子，还是太小了，走那么远，到学校就累了，就想睡觉，我们都是打着瞌睡听课，老师讲的，越听越听不明白。中午我们只有两个土豆吃，下午早早地饿了，边上课边想着早点放学回家吃点饱肚子的东西，实在饿了，就三个五个地开溜，不上课了，直接跑回家找吃的。

90 年代末，是我们家最困难的时候，我和姐姐都在读书，吃不饱。我和姐姐断断续续地读完六年级，初中都没有读，就回家了。

父亲开始带我挖天麻、种天麻。

七

在村子里，我父亲上山找野生天麻算很厉害的人，如果今天父亲没挖到天麻，同去的人就会说，今天彭富荣都没有找到天麻，真不好找，我也没找到。

父亲带我和姐姐去山上找野生天麻，他看到天麻的秆了，不会马上去挖，而是带我们坐在天麻附近，装作没有看见的样子，说坐一会儿，玩一会儿。

之后，他就问我们，你们看看这附近，哪里有天麻？

我们是很难发现天麻的，他就会不断地给我们提醒，缩小天麻的范围。有时候，我们踩到天麻了，父亲才会说，那里有天麻，注意。

父亲采了几十年的野生天麻，家里一直很穷。

往常父亲他们采天麻，都是村子里几个人一起约好时间，走出村子几公里，快进山了，到了一条小溪边，那里的水流很急，水面较宽，溪水这边有一长溜巨大的石头，大家就坐在这些石头上，穿上鞋子，过了桥，就算正式进山了。在这之前，村里人都是光脚走路，农民太穷了，能不穿鞋就不穿，怕穿坏了鞋子。村里人，管溪边的那几块石头叫作"穿脚石"。每天早上八点，上山采天麻的村民就在这里集合。下午五六点，在这集合，如果有人没回来，就会问清楚，那人是和谁一起进的山？走到哪里分开的？走的哪个方向？再派人回山里去找这位走散的人，站在高处，喊他的名字，大家齐了才回村。每次都这样。

采野生天麻本身没危险，我们这里最多的就是野猪，太多了，一年要吃我们很多天麻的，我们山上还有很多狗，有几十条，帮着守天麻。山上有蛇，到处都是，我们相信蛇不会咬人的。山上还有熊。

八

彭富荣老人的屋子里，杂物有些多。音响旁边放着电饭煲，沙发对面不是电视机，是一膛火，来了客人，大家围炉而坐，旁边一个矮桌子，上面的杯子里总有几片剩下来的茶叶。屋里色调偏暗，墙壁原本刷的是浅蓝色，时间久了，被油烟熏得黑里露白。屋子里很暖和，情意浓浓，老伴、儿子、媳妇、孙女，人来人往。

彭富荣的老伴叫杨泽述，她身体健康，屋里屋外地招呼客人，招呼家里的鸡啊、狗的。

彭富荣老人瘦高个，是一位健康、干净，做事利落的老人，一身灰色衣服的对比下，古铜色的脸尤其醒目。老人不太说话，喜欢抽烟，时不时从外套的口袋里，掏出红色的烟盒，一根接一根，云南人，喜欢抽云南的烟。

老人带你们上山，家里的四条狗，前前后后地围着他打闹。老人的世界里，只有远处的山峰、雨雾中的植物，只有他身边的这条山路、河水和泥土。屋前面的这座山，复制出远处的另一座山，无穷无尽的山，像花苞一样，在阳光下敞开，层层叠叠，迎接着上天的甘露。

任何一种时间里，老人都在享受一个人的安静，坐在家里、走在山路上，莫不如此。

你喜欢走在灌木林里的老人，跟在老人后面，老人如一棵行走的树，每隔一段路，到一个地方，会告诉你，这里发生过什么。这里有很多野猪，把这片地，都拱坏过，天麻被它们吃光了。老人说话，短句，不长，话不多。

老人对人、对物、对身边一切的热爱，散发出让人亲近的气息，一种恬静、自然的味道。

你感受着老人生命里的热情。

老人口音很重，他说到以前种天麻是"广种薄收"，你回问了他一句："光种不收？"老人笑着回答："嗯，是的。"马上，他又补充一句："是广种薄收。"老人是一位习惯于认同他人观点的人。

在火塘旁、村里的马路边，在你与彭富荣老人一起上山的泥巴路上，你听着这位深山里的老人，说起一些事，谈到一些人。

九

我 1963 年出生，祖上从江西、湖南过来的，经过贵州，到的小草坝，我们在这里生活了很多年，具体是哪一代人到的彝良，我就不知道了。（彭富荣的孙女，十二岁，圆脸，胖胖的，短发，读小学了。她一直坐在火炉旁，听你们聊天，你没发现她什么时候起的身，她从里屋，捧出本家谱。老人笑呵呵地摸着孩子的头，她是个机灵的孩子。老人查家谱，他们到昭通小草坝有十四代了。）

我们家，一直住这儿，房子只是翻新、重建了很多次，我也出生在这儿。

我父亲在彝良银行上班，我十四五岁，就跟着叔伯们一起进山挖天麻，每天最多挖一斤左右的天麻，那时候没人种得好天麻，只有野生的挖。

家对面的山叫"桂花树弯弯山"，山上有一棵很大的桂花树，上几辈的老人们都这么叫。

我们去挖野天麻，是村子里的人一起去，有时候三五个人，有时候十多个人，大家吆三喝四地一起进山。

这里的山都属于国家林场，等林场工人把树砍掉后，我们农民就上山，看好一块地，选择一个小山坡，或者某个谷底的一块地，面积不会太大，用火烧，过几天，林场工人种上了树，我们就在小树旁种苦荞麦。一两年之后的冬天，在被火烧掉的这些树的周围，用锄头去挖，也许可以挖到野天麻。运气好的，一天能挖一斤、两斤，野生天麻长得并不深，但不用锄头，是挖不到的，一个地方，多的时候二十多个，有时候就一个、两个。我挖到最大的一支野生天麻有八九两重，二三两一支的天麻比较多。

挖回来后，我们把天麻用水煮到九成熟，再用针线穿起来，一串串地，吊在火炉上烤，卖给镇上的供销合作社，干天麻十二块钱一斤。

我的爷爷及上几辈人，都挖野天麻，这里的气候适合长这个，雨雾天多。我们挖野生天麻的方法，也是祖上传下来的，大家一直这么挖。村里以前没什么其他经济来源，就靠挖点野生天麻、打点笋子，卖给国家。那时候挖天麻的人也少，大家生活都不好。

家里最困难的时候是 1983 年，土地刚下放到我们手上。我第一次有了田，有了地，也有山。但大家都是广种薄收，生活还是比较艰苦的。

2000 年，我们才开始种天麻，最初只种了一百堂、三百堂（他儿媳妇在旁边解释，一块屋子大小的地，我们这里叫一堂）。以前种天麻，没效果。种下去，有就有，没有就没有，全凭天地运气。

十年后，我们使用萌发菌和蜜环菌，种天麻就有比较稳定的收成了。现在，我们家里种天麻比较多，一家里人忙不过来，就请人种，请人收，自己也忙这些活的。

去年，我一个人在山上挖天麻，感觉树上有响动，抬头，一只大熊趴在一棵二米多高的树上，看着我，我揉了揉眼睛，看着它，与它相差不到两米远。这只大熊是被几只狗追到树上面去的。我不敢发出一点声音，赶紧轻轻地离开那棵树，绕到另一片山坡上，挖了一篓天麻才回家。动物不会主动攻击人类的。

山里野猪最多，大的有三四百公斤，野猪也不会主动攻击人，我们也不会去伤它，就让狗把它赶走。

山上动物太多了，有野鸡、锦鸡、麂子、娃娃鸡。娃娃鸡，不会飞，就在地上走，与家里养的鸡有点像，它的叫声跟娃娃哭的声音一样，就叫娃娃鸡。蛇也多，也最普通，菜花蛇最多。

十

你与彭贵银挖天麻的队伍一起出发上山。

出村子，一条一人宽的泥巴路，两边长满了绿黄相间的杂草，远处是密集的灌木林。泥巴路上，细细的水流，绕着小石头，绕着小草堆。泥巴路细小地转着弯，在大山的灌木林里，如一根小线条，转到前面不见了，到近前，小线条又垂直地落到山坡下面。再浓密的草丛，也掩盖不了这些小小的泥泞道，可见进山种挖天麻的人还是比较多的。

你们一起来到了洗脚石边。现在是涨水的季节，溪水已成小河。水深，落差大，白色的浪花从上面汹涌而下，河道曲折，只能看到上面八十米左右，河水转弯，像从绿色的树林里突然冒出来，只有声音远远地流过来。

一些巨大的石头落在河底，像些潜伏的动物，被河水暂时掩护着。

巨大的石头高低、凹凸地躺在河底，三根树枝被铁丝捆绑在一起，还有码钉，狠狠地扎进木头里，把无关的两根木头硬生生地钉在一起，成一座桥，放在两块石头上面。树枝桥小的那一段，不断地被河水冲刷着，浸泡在河水里。几十米长的白色浪花，在不远处消失。

树枝与河水相距十厘米，不断地有河水从树枝桥上飞过，树枝桥二米的下面，是水流冲击出来的一个小水潭，七八米深。

树枝桥的那边，好在有一块突出的大石头，接住过河的人。

河谷很低，两边是高高的石崖。

人在这里集中，水也在这里汇合。

河水的声音，涨满了整个时空，树木在声音里岿然不动。

你们过了那条小溪流，往山里走，山下的水声，一直伴着大家上山的路。

上的山越来越高，慢慢地，就听不到水声了。

你跟着队伍，从一棵棵树下走过，从山边走过，跨过被水冲毁的小山路，踩在落满树叶的路上，被绿色包围着。我们走到一个斜斜的山谷里。彭贵银他们停住在杂草堆里。环顾四周，他们告诉你，现在能见的这一面山坡上，全部种了天麻。而你看见的全部是杂草丛生。

彭贵银他们弯下身子，戴着防水手套，手背是红色的，掌心是黑色。他们用手扒开一些灌木，如果用锄头之类的工具，会把天麻挖坏，小草坝村人挖天麻全部用手。疏松的树枝、草木被手扒开，隐约间，土地里几排天麻，一些天麻无根无蒂地落在土里，新鲜如婴孩。有些天麻钻在下面，彭贵银用手指抠进土里，把天麻取出来。有些大天麻的后面像长了尾巴，白色的，上面很多小天麻，这些小的还可以长出天麻来。长的、不胖的天麻，麻农说它们麻形不好。只有凹肚脐、鹰钩嘴的是好天麻的长相。

把土坑里的天麻拿出来之后，把坑里的木头稍微调整了一下位置，放在一个适合天麻吃的位置，把土回填，脚一离开，旁边的灌木重新归拢、遮蔽。人和植物的动作，都成了习惯性动作。

彭贵银的父亲，看着旁边的一堆青草，戴着手套，上前，老父亲用脚拨开灌木杂草，双手绕过草木，直接刨土。有些土被老父亲连土带草卷起来，有些土，只能往四周扒，再浅浅地往下，就看到一些散落的、近似于成排的天麻。父亲把一个个天麻取出来，有些小个的天麻，不会再长了，也取出来，有些小的是白天麻，可以再继续生长，老父亲就用手指抠一个小坑，把天麻埋进去，盖上土，四周的绿色植物又伸展在这个巴掌大的地方，把土和天麻遮蔽在下面。

老父亲有点气喘吁吁。挖到第五个地方，这里竟然没有挖出一个天麻来。

老父亲继续，蹲下身子，弯着腰，整个人都被四周的灌木包裹着。

手套上全部是泥巴，天麻上面也沾满了泥巴。

不断地听到各种鸟的叫声，高高低低，长长短短。

山上有树，大部分地方是灌木，有些杂木、灌木比人高出很多，近似于树。

站在山坡靠下的位置，彭贵银告诉你们，这整座山上，都种了天麻。

野猪怕一些五颜六色的东西，彭贵银他们就在种植天麻的山上，挂上一些彩色的布团。

塑料制品这二十年在农村里流行了起来，也有些本土化了。彭贵银背着一个绿色塑料编织筐，长方形，比较深，两根宽的编织带，背在他的肩膀上，手里拿一把长的柴刀。进山的人，都带刀，随时砍掉长到小路上来的枝蔓，也壮胆防身。

彭贵银等后来的人，就把柴刀立在地上，用刀柄顶着塑料背篓，让肩膀得到休息。他的背篓里，背的是刚挖的新鲜天麻。

十一

狗是小草坝的主人之一。

彭贵银家养了五只狗，睡在一个窝里，为了食物，它们偶尔才会打架，其余时间，都和睦相处。

狗睡的窝搭在屋子外面，小草坝人家都这样。

小黄，是一只狗的名字。小黄看见主人在屋外清洗套鞋上的泥巴，它身子挺拔地蹲坐在地上，像一位披着黑色斗篷的战士雕像，小黄从头到脚，都是黄色。两边脸上也是黄毛，前脚靠近胸部的地方一排黄，四爪亦为黄色。两只耳朵平行于头，耳朵尖尖没往上翘，也没有耷拉下来，刚柔相济。主人在山路上走，它喜欢靠着人的身体，前前后后地绕着走，它的脸部表情总是微笑的，嘴巴张开，微微向上扬，尾巴永远翘着，最后那一撮毛又垂落回自己的后背上。

一只狗身体全黑，眼睛靠近鼻梁的地方，有两点眼珠一样大小的黄色毛，明晃晃的，像两盏小灯。一看见这只狗，首先看到的肯定是这两粒黄色，这是我叫它四点狗的原因之一。

有一只狗，我叫它"发怒的狗"，其实一看就很温存，只是它的毛，被雨水打湿，不同于其他狗，毛一根根像针，竖立着，如大怒般毛发竖立。发怒的狗四爪为黄色，其余通体为黑色。

老父亲穿上雨靴，走出房子，四点狗和发怒的狗同时站起来，紧随主人，它们像是与主人一起去走亲戚，也像是去完成某种任务。

老父亲忘记拿手机了，折回老屋，两只狗席地而坐，在院子里等待主人。

老父亲背着背篓，拿起一把靠在墙上的长木柄砍刀出发了。

我们七八个人，组成了这一次上山挖天麻的队伍。横穿村里的大路，往大山方向走。

离开村子不远，泥泞的小路上，只够老父亲一人走，五只狗就排着队，走在路旁的草地上，护卫老父亲前行。发怒的狗走在最后面，挨着老父亲的脚。

越往山里走，我们的队伍越显稀疏，狗也慢慢地分散在队伍的前前后后。

还有一只白色的狗，与人始终保持五六米远的距离，不靠近人。彭贵银站在石头这一端，白色的狗就站在石头另一端，它身子的一半在草丛里，脚并拢站立，头向前伸，耳朵直直的，尾巴落下来，像另一条腿，都快接近地面的石头了。它不靠近人，但头向前伸，时刻在观察人类。人走近，它就跑远一点。白色的狗给我们同去的女性带路，它不认识她们，但它知道，这是主人的朋友。三五秒钟工夫，白色的狗就跑到前面很远的地方去了，女性们走得慢，狗就在前面等着。走走，停停，等等，狗和女人们之间形成一种节奏。山路上，弯很多，狗一回头，发现女人们不见了，狗就往回跑，有点小着急，跑得快，一个急转弯，差点撞上走在最前面的女人，白色的狗站住了，转身又放心地在前面带路。山路有点远，狗放心地把人类甩在后面，跑得远了点，它就坐在草丛里，等女人们气喘吁吁地赶上来，它又接着很快地往前跑了。

我们只听见套鞋踩在泥巴里的声音，我似乎听见大山里的植物的呼吸声。

越往山里走，越看不见村里的房子了。

走了半个小时，还不算进山。

半路上，灰色的狗、四点狗和发怒的狗，还有白色的狗，遇到稍微宽一点的草丛，就一字排开走在老父亲身旁。路窄了，小线条般的两边，树越来越高，不断地有树叶落在狗的背上，狗背着一两片枯黄的叶子走了很远，一片树叶掉在地上，又会有另一片树叶掉在狗的背上。狗不理会这些树叶的来来去去。

土路斜斜地耷拉着，落向下面的河流，坡度有些陡。

到了河边，有一座三根树枝捆在一起的桥。

主人过了河，小灰闻了闻树枝，蹚水上桥、过河。发怒的狗跟着，它们翘着尾巴，低着头，走在树枝桥上，比人的速度要快。

我们过了河，爬上石头的堤岸，五只狗拥挤着走在老父亲旁边，很快，又各自散开。

过了河，才算正式地进山了。

草更深了，密不透风。树也多了，狗警觉起来，守护在人的前后。

小黑在坡下不远的地方发现了小动物，它叫唤了第一声，其余的狗快速地穿过灌木林，聚集在一起，形成一个扇形包围圈，叫了起来。

老父亲说，以前种天麻，不养狗。现在养狗，主要是防贼，防野猪。有野猪来了，狗会冲上去叫，很凶的样子，但狗不敢咬野猪，狗就一直叫，跟在野猪后退的路上，一直叫，直到把野猪撵跑。

野猪也害怕的，被这么赶一次，至少要隔两三个月才再来。

进山的路，开始还比较平，越往前走，越没有路，全部是泥泞和杂草。

不断地有溪水把路给淹没了。

人走在苍苍郁郁的大山里，不会有孤独感，狗时刻亲昵地奔跑在人的四周。

上山挖天麻，彭贵银家里的五只狗，是有分工的。

这只狗在那里，另一只狗在这里，一只狗带队，往前面走，永远还有一只狗走最后面断后。还有一只狗，像通信兵，来回奔跑于队伍的前前后后，在中间穿来穿去。

灰色的狗和发怒的狗，在前面开路，离人很近，老父亲等后面的人，灰色的狗就站在背篓的下面等着，看着其他地方，只要老父亲有了想继续走的念头，灰色的狗就往前快走几步。

四点狗总是走在队伍两侧，与人保持很近的距离，它总是喜欢站在杂草里，与草一起等待冬天的来临，与草等待，一场瓢泼大雨的到来。

主人挖天麻，四点狗静静地退在六七米远的灌木里，一动不动，不发出一点点声响，如果不细心，是感觉不到四点狗的存在的。它蹲在草丛里，享受着大自然的静。

灰色的狗，总是在挖天麻的主人后面来回打转，走动。

挖完天麻，我们一起下山回家。

我和彭贵银等人过了河，站在集合的洗脚石上，狗像在登记人数一样地盯着我们每个人看。之前不熟悉的人，进了这趟山，狗熟悉了我们，我可以抚摸那只四点狗，它也开始亲近我。

我只看见三只狗，跟我们过了河，站在旁边，望着河对岸。

还有两只狗呢？

村子里同来的小伙伴说，彭贵银的父亲和叔叔还在后面，没跟上来，另外两只狗在他们身边呢！

后面还有狗和人没有过河，过了河的三只狗是不会走的。我们在大石头上等后面的人，狗在大石头上等。彭贵银他们就在河边洗刚采摘的竹笋。

三只狗跑到最上面的石头上，一直站着，没有动，等河对岸的狗走出林子。

　　最后两个人也回来了，断后的一只狗，紧随着最后一个人，出现在河对岸，它低着头，几乎快碰到主人的脚后跟了。

　　大家一起，静静地等老父亲和发怒的狗过河上岸。

　　老父亲从三根树枝捆绑在一起的桥上走过来。狗走到河边，毫不犹豫地把前爪搭在三根树枝的桥上，它踩在一根树枝上，如履平地，对于跃上树枝的河水、对于树枝下面湍急的河流，它无丝毫畏惧。树枝桥的这边，被水淹没，狗照旧掠水而过。

　　最后一只狗过桥，其余的狗都站在岸这边的高处看着。

　　一过河，狗突然加快速度，飞快地冲上石头堤岸，速度之快，让人惊讶。

　　岸这边的黑狗，从上面的位置扑下来，两只狗见面，如同拥抱，相互亲昵，尾巴都快摇断了，各自伸出长长的舌头，互相舔完，一齐往岸上的高处冲过来。三只狗，毫不掩饰自己的情感，纠缠在一起，有久别重逢的激动，其实分别也就三十分钟不到。

　　回到家里，黄色的狗与黑狗坐在屋檐下，像一起上课的同桌学生。

　　四点狗，远远地在屋子的这头，玩着自己的尾巴。

十二

　　守天麻的，都是老一点的人。有收成的那几个月，他们都住在山上，我们家没请人守，自己去看，不住山上，因为家与种天麻的山不远，我们还在山上布了机关：一块木板上钉十多颗钉子，朝天埋在浅浅的土里。

我们今天进山，从哪里进，就从哪里回，不乱走其他路的，布置的地方，我自己知道，绘了个小小的图。有些晚上去偷天麻的人，被铁钉扎了，就不再去了。现在，来我们这里偷天麻的人比较少。

我们家种天麻算比较多的，其他人家有的种十多亩，也有种一亩、半亩的，种得少的人家，就自己种，不请人，一年收入也有几万块钱。

我们家是请人种，自己种不过来的。

天麻分为春麻和冬麻，两个季节来种。

种子长出茎来，开花，结小果，果子里有上千颗粉，成活率只有千分之几，只有几个成活的。今年七月份，我们把粉麻种下去，到明年十二月，才能挖白头麻，再把白头麻种下去，后年才能长出天麻来。现在是九月底，我们挖的是去年种的冬麻。

种天麻，我们会选择坡陡一点的地方，不积水，天麻就不会烂。

七月、八月、九月，如果天天下雨，有些天麻就会在土里腐烂，如果天天出太阳，蜜环菌就跟不上，天麻就不会长。太阳和雨水循环的天气，天麻才会长得很好，我们小草坝就是这种循环气候：下几天雨，出几天太阳。

气候的变化，土壤的选择，决定了天麻的优劣。

我们只加工天麻的第一步，把挖来的天麻，洗干净，放水里煮，天麻有一层皮包裹着，营养是不会丧失的，煮十五分钟。生天麻是不能去烤或烘的，必须要煮熟。

以前直接放煤火上烤，出太阳，就拿到外面晒。现在就放在烘干机里，一次可以放一吨，我们贵银合作社买了一台几万元的烘干机。合作社只有三分之一的天麻烘干了去卖，其余的天麻，没时间烘干，就直接卖了。我们要种天麻、挖天麻，时间很紧，没时间烘干。买我们湿天麻的人，他们烘干了再去卖。

有些小商贩，也直接到我们麻农家里来收。2000 年天麻的价格是二十元一斤。2017 年，在我们这里开了天麻国际大会，开完会天麻就涨了十多块钱一斤。

十三

小草坝村有二十九个生产队，八千多人，一千多户，六七千亩山。

2007 年，山分到了每一户，有些人家多，有些少，我们家分到了一百多亩山，每年都在种天麻，现在一共种了三四十亩。

种天麻不是什么地方都可以种的，即使在小草坝，也要看土壤。

种天麻与种小麦和稻谷不一样，如果 2016 年 5 月，我们把一亩地的天麻种下去。2017 年 10 月，把天麻分栽，到 2018 年，我们才能去挖天麻。开种以后，要两年才有天麻挖。但之后，年年种，就年年有天麻挖了。

以前种的天麻，三年半才能挖，后来，杨洪述把萌发菌、蜜环菌卖给我们，还集中教我们自己做，这技术一看就会，学起来很快，技术含量不高，挖天麻就提前了一年，杨洪述的功劳挺大的。

杨洪述带头，把村里种天麻的人家组织起来，成立了合作社，相当于一个小的公司。

2015 年，我也在工商局注册成立了贵银合作社，小草坝村彭家岭种天麻的散户，全部加入了我这贵银合作社，还有广东生产队、下坝生产队，这几个生产队 85% 以上的种植散户，也加入了进来。小草坝村还有一个上海生产队，他们没有在我的贵银合作社里。

我父亲六姊妹，四男两女，爷爷退休，叔叔接的班，其余的兄弟姊妹都在家里种地、种天麻，现在都在我的合作社里。

我是农民，去工商局注册合作社，不要钱，政府对我们法人进行培训。

现在贵银合作社有一百多户人家，二千多亩地。我们这里成立了很多合作社，当地只有 25% 左右的人家没有加入合作社，他们不太明白这些政策，他们就想着，把自己的天麻卖了就可以，没想其他的。

小草坝镇里有一个天麻国际交流中心，都是我们几家合作社生产的天麻在卖，这样，可以防止外地的天麻混进来，冒充小草坝天麻。

有些人来买天麻，需要开发票，我们有自己的合作社，就可以到镇税务局去开发票，不需要交税，免费开。如果是天麻种植散户，没有入合作社的去开票，是要交税钱的。

旁白

你可曾走过乌蒙

弋舟

　　人已在高原，心神却仍有些平原属性的恍惚。来程倒也顺利，清晨六点出门，航班落地昆明，转机，中午便到了昭通。此地去年来过，还受聘为昭通学院的客座教授。本该是故地重游的心神清明才对，怎么却有些无端地发蒙，有点回不过神似的？

　　说是无端，其实也能找出些端倪吧。譬如，这作为庚子年背景的疫情；譬如，那从"中央"奔赴"边疆"的微妙心情。疫情自不必说了，在这个背景之下，所有的人，人所有的行为，都有些恍兮惚兮。往日司空见惯的远行，被限制成了难得一遇的机会——半年多来，对我而言，这已是少见的一次旅程。况且，人在途中，应对着诸般盘查，心总是要紧张一些的。至于"中央"与"边疆"的想象，也许有些夸张了。西安算是中国的腹地，但能不能称之为"中央"，我也没有十足的信心，我知道，许是为了与"边疆"匹配，我才对应着让西安暂且成了"中央"。视昭通为"边疆"，还算有理有据——云南省的省级文学刊物，不就叫作《边疆文学》吗？

　　总之，似是而非，恍惚多为心造。

　　接机的朋友问：第一次来昭通吗？答：来过的，去年还来过。

话说出口，心却是虚的。因为心里很难确凿地唤醒记忆，一切只仿佛似曾相识。在这空前的庚子年里，意识仿佛都慢了一拍。

晚餐时，从昆明赶来的性能与潘灵到了。身为《边疆文学》的主编，潘灵的到来坐实了我的"边疆"感。性能是多年的朋友了，说及后面几日的行程，他问我："上次来，去大山包了吗？"是啊？去过了吗？我只能如实作答："好像我也不记得了。"性能笑，说："去的地方多了，记忆就不那么好了。"他总是这般宽厚，如果我真的这般健忘，便是对"边疆"的不敬了。可是我知道自己没有这般轻慢，于是，恍惚着，又多了些自责与懊丧。

我感到有些轻微的头痛。昭通海拔 1920 米。高吗？不算很高。低吗？也不算很低了。只能将自己的状态推诿给"高原反应"了。这很容易，当然也有些草率，是"中央"腹地来人廉价的托词。

晚上躺在床上补课，资料上说，古往今来，对昭通最为传神与精准的文学性描述，出自伟人的那两句著名的诗："金沙水拍云崖暖"和"乌蒙磅礴走泥丸"。不期然，心里竟将性能的那句问询置换成了这样的句子——你可曾走过乌蒙？

你可曾走过乌蒙？

像是天问。

接下来的日子，就在这句时时想起的天问之中，行走在高原吧，用脚，用眼睛和鼻子，用身心，去寻一个答案。

"边疆"的天空与山峦，这几日多被阴云和雨水笼罩，却全无"中央"腹地同样天气条件下的浑与昏，即便是阴云，也是透亮的阴云，雨水清亮，将灰色的高原洗得接近纯粹的灰色。靖安镇异地扶贫搬迁安置点——全国最大跨县易地扶贫搬迁项目，西魁梁子马铃薯种植基地——竟真的在山坡上写下了"洋芋帝国"这四个大字。海升苹果庄园让人明白，原来，中国的版图上不仅仅只有洛川苹果，静宁苹果；龙氏家祠、姜亮夫故居、彝族六组分支广场……乌蒙之地，遍布着的，是千年的民族史，是百年的风云激荡与文脉绵长。

一切都似曾相识，一切却全然都是新的。那些似是而非的经验与一知半解的知识，都在高原的行走中被证伪，被修正，被廓清，让你重新承认自己的无知与轻浮，并重建起对于大地的理解——它曾经发生过什么，它正在发生着什么，它是如何的卓越。那作为背景的疫情，在大地的事实面前，成了涛走云飞的一个片段，而山河恒在，天地从来不缺乏从容的生气。

你可曾走过乌蒙？这句天问般的质询，在这样行走的日子里，便别具象征与启示的意义了。它对应着的，就是你的昏聩与恍惚，它是一个来自高原与边疆的垂问，同时，高标独具，也成了一个方案。当世界身陷泥泞，当人身陷逼仄与狭隘的时刻，它足以成为一条让你去投奔的可靠的道路。这是地理意义上的道路，也是内心鞭策与召唤的道路。

乌蒙磅礴走泥丸。中国红军85年前就是这样前行的。

行程即将结束时，终于登上了大山包。于此，我也终于能够肯定地答复性能了：没有，我没有来过，非但上一次没有来过，上辈子一定都不曾来过。如此气象万千的所在，纵使我万般迟钝，领略过，也绝难遗忘。这是壁立千仞的山之所在，这是烟蒸雾绕的云之所在。它的瞬息万变，令我这久居"中央"腹地的人世界观都会随之动摇。经验里，自然几乎就是恒定的代名词，江河易色，从来都需要千百年的时间跨度，但在这乌龙山脉的大山包之上，前一刻雾霭缭绕，下一刻你便可以期待云开雾散，宛如换了人间。方生方灭，正是天地磅礴的伟力。

同行的朋友在打赌。十分钟后雾便散了。不，二十五分钟后。我听得目瞪口呆，就好比一万年太久，听到了两个神仙在预测着一瞬间之后的沧海桑田。那雾里，跑过了烮着蹶子的马，迎面又有牛破雾而来……

"深沉、邃密、博雅，刚健、笃实、光辉。"这是前日瞻仰姜亮夫先生故居时所见的一副对联，时年 81 岁高龄的大师，以此勉励自己的外孙女。此时，我亦只能以这十二个字来辨认眼中的世界。

你可曾走过乌蒙？

图书在版编目(CIP)数据

　　乌蒙行纪 / 傅舰军主编. — 北京燕山出版社，
2021.3
　　ISBN 978-7-5402-5717-0

　　Ⅰ．①乌…　Ⅱ．①傅…　Ⅲ．①地方文化－昭通－文集
Ⅳ．①K297.43-53

　　中国版本图书馆CIP数据核字(2020)第017460号

乌蒙行纪

WUMENG TRAVELLING RECORDS

出 品 人	刘令安
总 策 划	刘正清
主　　编	傅舰军
责任编辑	朱菁　任臻
社　　址	北京市丰台区东铁匠营苇子坑 138 号 C 座
邮　　编	100079
电　　话	010-65240430
印　　刷	北京盛通印刷股份有限公司
开　　本	710mm×1000mm　1/16
字　　数	213 千字
印　　张	20.25
版　　次	2021 年 3 月第 1 版
印　　次	2021 年 3 月第 1 次印刷
定　　价	68.00 元
出版发行	北京燕山出版社有限公司